海外事業
グループ会社の売却
カーブアウト案件の実務

成功のための 10 の秘訣

中田順夫 編著

日比谷中田法律事務所 代表パートナー

JN039398

日経BP

はじめに

　本書は、2013年、2016年、2018年に上梓した「成功する海外M&A10の法則」シリーズ（それぞれの副題は「事例で学ぶ意外な落とし穴」、「事例で学ぶ意外な秘訣」、「事例で学ぶ意外なソリューション」）同様に、海外M&Aに関する現場実務のノウハウをご紹介する実務書です。更に読みやすくすべく、書籍の体裁と構成を大幅に変えて、新シリーズとしました。

　2020年初から3年あまり続いた新型コロナによる世界的な経済社会活動への大きな制約の中、M&A案件の現場でも現地視察・直接面談の設定が難しくなり、日本企業による海外企業買収案件の多くが中途で流れてしまいました。これに対し、日本企業による海外事業グループ会社の売却・カーブアウト案件は予想以上に急速に増加・拡大しました。これは、日本企業でも業績アップのために保有ポートフォリオ事業の定期的な見直しが定着し、新型コロナにより急激に社会構造・生活パターンが変化してビジネスの栄枯盛衰のスピードが早まる中、それによるポートフォリオの入れ替えが進んでいることが原因だと思われます。多くの日本企業で新時代の要請に応えるためのニュービジネス開拓のために新規買収を進めなければならない中で、そのための資金捻出の必要性も背景にあるかと思われます。

　多くの日本企業では、海外企業の買収については経験を重ね、その進め方について習熟してきている一方、海外での売却・カーブアウト案件についてはほとんど経験がなく、その勘所についても知らないというのが正直なところだと思います。この点に関しては、売却案件に長い歴史と経験を有する欧米の法律事務所でのノウハウに今なお学ぶべきところが多いのが実情です。更にそれに加えて、日本企業が売却・カーブアウト案件を進める中で、コロナ禍特有の新たな問題に遭遇することも多く、そのソリューションのためのノウハウの取得・蓄積も重要となってきています。

　本書は、欧米で長年にわたり蓄積されたノウハウに基づきデファクト・スタンダードとして定着した売却・カーブアウト案件の進め方に関するプラクティスのご紹介と、現在の状況下で新たに生まれつつある問題への対処ノウハウを、ストーリー形式の事例を使って解説するものです。これにより、今後ますます増加することが予想される日本企業による海外での売却・カーブアウト案件への一助となれば幸いですし、国内での売却・カーブアウト案件についても、あるべきプラクティスの方向性をお示しできればと願っています。

CONTENTS

CONTENTS

第 **1** 章

ストーリーと解説で学ぶ
売却・カーブアウト案件

成功の秘訣10

海外事業グループ会社の売却・カーブアウト案件で、
成功するための秘訣とは？
著者がこれまで手がけた数々の案件に基づき創作した
架空の「ストーリー」を使い、
「解説」で、日本企業が陥りやすいポイントと
その具体的な対応策を説明します。

秘訣 01

日本企業による
海外事業グループ会社の売却案件の増加

上手な売却は、
M&Aで失敗しないための
秘訣の一つ

少しでも高額に、
少しでも責任リスクを減らして売却する

　国内大手電機メーカー、経営企画部長の藤原は、いつになく重い足取りで会社に向かっていた。駅に向かう途中のほころび始めた早春の梅の花も目に入らず、常務から担当を命じられた新プロジェクトのことで、すっかり気がめいり落ち込んでいたのだ。

　藤原の会社は3年前、アメリカの先端技術を搭載した新製品の会社を買収していた。当時は成長領域と期待されていたが、目論見ほどに

は売り上げを伸ばすことができず、ついに売却することになったのだ。藤原は入社まもない頃、アメリカで買収した海外事業グループ会社の経営がうまくいかず、将来を嘱望されていた先輩が責任者として現地へ出向を命じられたときのことを思い出した。その後、長年にわたり本社から資金援助を受け、立て直しに悪戦苦闘しながらも、海外事業グループ会社は事業縮小を続け、結局自然消滅に近い形で清算して終了したのを見ていた。優秀だった先輩は、会社のお荷物とされていた事業の立て直しに若さも夢も才能もすべて吸い取られたかのように、燃え尽き、責任を取る形で退職していった。その後ろ姿に自らの行く末を重ね合わせると、藤原は気が重くなるのであった。

　会社に着いてすぐ、神妙な面持ちで当該事業部の部長である早坂の元へ向かった。ところが、早坂の方は意外にもさばさばした表情で、どうしたと気楽に問いかけてきた。藤原が重い口を開いて心境を吐露すると、早坂は「それはひと時代昔の話だ。このような海外事業グループ子会社の売却は、当社では頻繁に行っている。要は、いかに手間と

コストをかけずにスピーディーに売却するか、というだけの話だ。気楽に考えればいいさ」と言い藤原を励ます。

　早坂の言葉でやや気を持ち直した藤原は、その日の午後、会社の来客用会議室で、売却先探索のためのFA（ファイナンシャル・アドバイザー）と、本案件を依頼する海外M&Aのアドバイスに経験豊富な中田弁護士に会った。その席で、早坂からインプットされた「手間とコストをかけずスピーディーに売却する」基本的なスタンスを藤原が口にすると、中田弁護士から思いも寄らぬ言葉が返ってきた。「もちろんそういう売却案件もありますが、この案件は、そうではありません。3年前に＄100 million（2023年10月16日現在の1ドル＝約150円の為替レートによると、約150億円。以下同様）とそれなりの価格を支払って買収した対象子会社は、そのマーケット自体は依然将来を期待される成長領域で、貴社にとっても重要な投資ポートフォリオ財産です。貴社が今般より重点成長領域と位置づける他の会社買収の資金作りのため売却することになりましたが、そのためにも少しでも高く、少しでも責任を引きずらずにカーブアウト（分離）することがポイントになります。実際、FAの見立てでは、対象子会社の買収に強い興味を示す企業は海外には多く、＄120 million（約180億円）から＄140 million（約210億円）くらいで売却できるチャンスがあるそうです。そのためにこの作戦会議が重要になるのですよ」とアドバイスされた。

　中田弁護士の話を聞き、藤原は昨日常務がこのプロジェクトを命じる際に「期待しているよ」と力を込めて語り、「必要なコストについては確保するので、早急に予算を出してくれ」と言った理由がはじめて分かったような気がした。カーブアウトが単なる敗戦処理ではなく、自分の得意な戦術立案能力を生かすことができる、チャレンジングな案件だと気づき、体の芯から力が湧きあがるのであった。

解説	A：海外 M&A 案件のアドバイスに経験豊富な中田弁護士 B：日本の大手メーカー・海外 M&A 案件担当部署の中堅社員

■冒頭ストーリーについて

B：冒頭のストーリーは、身につまされます。確かに当該売却案件に対する会社の位置づけによって、担当者のやる気や意気込みが大きく変わってくると思います。私も最初に売却案件を担当した際は、運悪くとんだお荷物を背負わされたと思いましたが、そこには重要な経営戦略上の目的があることが分かり、安心するとともにやりがいが生まれました。

A：売却案件も、単に受動的に、手間とコストをかけずにスピーディーに「終わらせる」ことだけを目指すのではなく、その背景にある経営上の目的に則して、「成功」させることを目指すべきです。

■日本企業による海外事業グループ会社・子会社売却の増加の背景

B：当社では、過去に買収した海外子会社を売却する事案が現在も進行中ですが、最近日本企業による海外事業グループ会社・子会社の売却が急速に増えているように思います。なぜでしょうか？

A：一言で言うと、日本企業も海外企業のM&Aに習熟したということだと思います。

B：どういうことでしょうか？

A：日本企業の一層の国際化が進み、国内ビジネスと海外ビジネ

スをシームレスに展開することが多くの業界において当たり前の時代になっています。海外M&Aは企業にとって時間を買うためのツールとして重要です。しかしながら、大きな飛躍のチャンスとなる一方で、失敗した場合、相応の重大なリスクを負うことにもなります。一昔前の日本企業には、「海外M&Aは会社の歴史上の重大事であり、失敗など絶対に許されない」という感覚がありました。このため買収後に、業績が悪化し、「お荷物」になった海外企業でも、買収を担当した役員の面子をつぶして責任問題にならないように、無尽蔵に優秀な人材と追加資金をつぎ込んで、赤字経営を続け、結局最終的には無価値の会社となって清算するケースがよく見られました。しかしながら、最近は、「時間を買う」テクニックとして頻繁にM&Aが行われるようになり、何件か買収を重ねるうちに当初の目論見ほどにはうまくいかない会社が出てくるのもやむを得ないというドライな見方に切り替わっています。取締役が株主に対する経営責任を常に厳しく問われる昨今の上場企業では、内輪の責任隠しのような経営は許されず、合理的な判断と勇気ある早期の決断により、適正な価格で可及的速やかに売却して、投下資金の回収をすることが要請されるようになってきています。

経営不振のグループ会社への対応	
昔よく見られた対応	資金と人材を無尽蔵につぎ込みながら結局自然消滅
最近まで一般的だった対応	最小のコストと手間で短期間で処分
一部先進企業による最新の対応	できるだけ高価で、責任を限定して上手に売却

■売却の目的

A：また、売却の目的には、このような不採算子会社の処分だけではなく、「戦略の転換」や「選択と集中」のための売却もありますし、成長領域での新規買収のための資金作りを目的とした売却もあります。このような「投資ポートフォリオの見直しと管理」の重要性は、経済産業省の提唱もあり広く認識されるようになってきています。実際多くのリーディング・カンパニーでは、投資ポートフォリオについて、取締役会の際に定期的に議論されるようになってきています。ただ、対象グループ会社の従業員や取引先に不用意に未確定な情報が漏れると想定外の問題を惹起しかねないので、秘密保持を徹底するため、取締役会終了後に参加者を限定して話し合いを行うなどの注意が必要になります。その場合には、取締役会議事録にも残しません。

B：対象グループ会社の従業員や取引先に不用意に未確定な情報が漏れると想定外の問題を惹起しかねない、とはどういうことでしょうか？

A：勤務先の会社がノンコア事業・非成長事業だと親会社の取締役会で言われていることが従業員に伝わると、そのやる気を大きくそぐことになり、優秀な人から転職していくことになりかねません。また、取引先に情報が漏れますと、競合他社へ取引関係を移す誘因になりかねませんので、厳重な秘密保持が必要です。

■売却の際のポイント

B：売却に当たって押さえるべきポイントは何でしょうか？

Ａ：前述のようにさまざまな理由があるにしても、共通して言えるのは、少しでも高額に少しでも責任リスクを減らして売却することです。

Ｂ：詳しくお聞かせいただけますか？

Ａ：M&Aの歴史の長い欧米では、売却に際してのノウハウや工夫の蓄積があるのですが、日本では残念ながら一部を除き依然として売却案件はお荷物の処分でしかなく、できる限り手間をかけず、コストを抑えてという考え方が主流です。しかしながら、少しでも高額に少しでも責任リスクを減らして売却するという本来の目的のためには、必要有益な手間やコストを惜しむべきではないというのが、重要なポイントになります。

Ｂ：欧米での売却に際してのノウハウや工夫について、お話しいただけますでしょうか？

Ａ：次節以降、そのいくつかをご紹介させていただきます。実際に大手企業からの依頼が殺到するイギリスのマジックサークル・ファームといわれる最有力法律事務所では、同じM&A案件に関して買手側と売手側からの依頼が重なった場合には、必ず売手側からの依頼を優先するという明確な所内ルールがあります。これは、日本とは異なり欧米では、売手側の法律事務所の役割や作業量の方が、買手側の法律事務所の役割や作業量より、重く大きいという現実を反映しています。

■売却案件の重要性

Ａ：私も40年にわたりM&A案件をアドバイスしてきましたので、しばしば「M&Aに成功するための秘訣は何ですか？」と聞かれます。それに対する私の回答は、①良いデューデリジェンス（対

象会社の事前調査）をして、良い契約交渉をし、②良いPMI（ポスト・マージャー・インテグレーション、買収後の統合）をして、適切な経営を続け、③必要に応じ勇気を持って早期に決断して、上手に売却することだと回答しています。買収後の想定外のマーケットや外部環境の変化もありますし、買収してみなければ見えてこない対象会社と買収企業との相性の問題もあり、仮に①と②を完璧に行っても、なお当初の想定通りにはうまくいかず、売却の必要性が生まれることもあり得る点、充分認識されるべきです。

B：なるほど、上手な売却も、M&Aで失敗しないための一つの重要な秘訣なのですね。大変よく分かりました。

【FA】

financial adviser／ファイナンシャル・アドバイザーの略。M&A案件のアドバイザーのこと。多くは国内もしくは外資の証券会社が役割を担う。

【戦略の転換】

企業はマーケットの動向を踏まえて柔軟にそのビジネスを変えていかなければならない。それに伴い、従来はコア事業・成長事業とされていたものが、戦略の転換により、ノンコア事業・非成長事業に位置づけが変えられることも少なくない。

【選択と集中】

企業は常に次の時代を考えて新規事業を買収し育てていかなければならないが、他方で、多くの関連性がうすい事業に手を出すと経営上非効率であるため、「選択と集中」によって、コア事業・成長事業に集中すべく、ノンコア事業・非成長事業からは撤退していかなければならない。

【投資ポートフォリオの見直しと管理】

多くの大手企業では、資本投資や買収によって複数の事業会社を傘下に持つが、企業戦略に鑑みて、適切な構成になっているか、ノンコア事業・非成長事業に変化した会社はないか、定期的に見直す必要がある。

【マジックサークル・ファーム】

ロンドンベースで世界展開をしているAllen & Overy、Clifford Chance、Freshfields Bruckhaus Deringer、Linklaters、Slaughter and Mayの5つの法律事務所をいう。

【デューデリジェンス】

買収前に行う買収者による対象会社の組織・運営・事業・資産債務・従業員などに関する調査。

【PMI】

post meger integration／ポスト・マージャー・インテグレーションの略。買収のクロージング（買収の実行）の直後に行われる、対象会社を買収会社のグループ内に移行し取り込むための作業をいう。

—— NAKATA の COLUMN ——

契約書交渉 1
交渉に成功するための秘訣

　私もM&A専門の弁護士を長年やっていますので、さまざまな方から「M&A案件での契約書交渉の成功の秘訣は何ですか？」と聞かれます。契約書交渉はあくまでも交渉事ですので、当然ですが相手方あってのものです。正直なところ、なかなか当方の思うとおりにはならず、いつも苦労しているのが実情です。それでも私なりに考えて、用意している回答はあります。それは紀元前500年ごろの中国春秋時代の軍事思想家孫武の作とされる兵法書『孫子』の有名な一節で、「彼を知り、己を知れば、百戦して殆うからず」にあやかって、「彼を知り、己を知り、交渉のテクニックを知れば、百戦して殆うからず」という考え方です。

　M&Aの売却案件を前提にして、この格言の意図するところをご説明します。まず、「彼を知り」とは、彼、すなわち買手は、なぜ対象会社を買収したがっているのか、対象会社の何が欲しいのか、逆に対象会社に関して不要な部分は何か、買収に当たって感じている懸念点はどこかを知るという意味です。次に「己を知り」とは、そもそもなぜ自分たち売手は対象会社を売却しようとしているのか、売却に際して重要な点は何か、逆にさほど重要ではない点は何か、売却を急ぐ事情はあるのか、交渉がまとまらないようであれば無理をしてまとめる必要はないのかをあらためて整理して確認しておくという意味です。

　更に「交渉テクニックを知れば」というのは、『孫子』の格言にはない、M&A案件特有の追加ですが、M&A契約書交渉の場でしばしば使われる国民性によって異なる交渉テクニックをよく理解し、買手はどのテクニックを使って交渉しているのかを把握して、適切に対処するという意味です。具体的には、アメリカ人が日本人を相手に伝統的に使ってきた「これをのまないとdeal breakだ」と大声で繰り返すことで高圧的に譲歩を迫るやり方、イギリス人が当方の懸念点のソリューションを提供することにより譲歩を迫るやり方、フランス人が得意なパッケージ提案（彼らにとって重要度が相対的に低い一部の点について譲歩する代わりに、彼らにとって重要度が高い他の点に関する要求を認めてほしいと一括交渉する）などがこの交渉テクニックの例になります。海外M&Aの売却案件を手がける場合、相手の国民性やバック・グラウンドをよく調べて理解し、コミュニケーションの取り方にも注

意しながら対応するようにしたいものです。各国の交渉テクニックの具体的な内容については、NAKATAのCOLUMN「契約書交渉2／交渉テクニックのバリエーション」（P50）をご覧ください。

　最後に付言させていただきますと、兵法書『孫子』で対象としている「百戦して殆うからず」とは、敵と味方の情勢をしっかり把握していれば、幾度戦っても敗れることはない（常に勝利する）という意味ですが、この戦いとM&Aの契約交渉の場の戦いの考え方は根本的に違います。M&Aの契約交渉では売手が全面的に勝利し、すべてを勝ち取るのがベストではなく、売手も買手も満足できる線を的確に見つけて、そこに買手を上手に誘導して妥結するのがベストです。M&A案件の場では、売手と買手は利害対立関係にあり、戦いの場と捉えがちですが、M&A案件の相手方当事者とは、一度限りの関係ではなく、ビジネスの場でさまざまな異なるシチュエーションの中、今後も繰り返しお付き合いをしていくことになります。なかなか難しい課題ではありますが、可能であればM&Aの契約交渉を通じて、以前にも増して良好な関係を構築し、信頼関係を強化できれば、それがベストだということになります。

秘訣

02

売却対象会社のマネジメント対策

売却案件での最初の最重要ステップは、対象会社マネジメント対策

ストーリー

秘密保持契約を結び、対象会社の担当役員に特別ボーナスの支払いを約束する

　新緑が目に鮮やかな5月の連休明けの午後、自動車関連部品メーカーの執行役員である矢野は、フランスを中心にヨーロッパ・中東・北アフリカ一円に広がるグループ会社の一括売却のための準備が予想を超えてはるかに遅れていることに苛立ちながら、同案件を担当している中田弁護士とのリモートミーティングに入った。

　「中田先生、現地の対応が遅く、このままでは6月1日に予定している

第2フェーズでのVDR（バーチャルデータルーム）の開設が到底間に合いそうもありません」

「売却対象のグループ会社CEOのジャンと密接に連絡を取っていただいていますよね？」

「それが、肝心のジャンが現地でなかなかつかまらず、ようやく連絡が取れても仕事が忙しいとの一点張りで、要領を得ないんです」

「お願いしていた売却対象のグループ会社の中心的な役員へのボーナス支給の契約は、締結済みですよね？」

「実は、専務に承認を取ろうとしたら、盗人に追い銭を払えるかとすごい剣幕で、とても承認がもらえそうにありません。ジャンが悪いことをしたわけではないのですが、ここ数年のグループ会社の経営不振はCEOであるジャンの責任だと考えているようです」

「それが原因です。ヨーロッパのマネジメントは、自分の職責は会社経営であって、会社の売却は職務のスコープ（職務範囲）外だと考えています。会社売却のための本社との打ち合わせや、デューデリジェ

ンスのための資料集めなどを早朝深夜や休日に対応してもらうために
は、ボーナスの支払いを約束する必要があります。日本の感覚ではな
かなか理解できないかもしれませんが、ヨーロッパでは一般的なこと
で、この種の案件に際してはごく普通のことです。更に、対象会社と
ともに買手側に移っていくマネジメントは案件進行とともに買手側に
迎合するようになりますので、最後まで貴社の利益極大化のために働
いてもらうにも、売却価格に連動した特別ボーナスを支払う約束も契
約に入れるべきです」

「専務が納得してくれるでしょうか…？」

「€ 500 million（2023年10月16日現在の1ユーロ＝約150円の為替レー
トによると、約750億円。以下同様）を超える案件で、合計で最大€
5 million（7億5000万円）にも満たない失費を惜しんで、案件を頓挫
させるのは、本末転倒です。また併せて、ヨーロッパではこれが一般
的な進め方である点も、専務さんによく説明してください」

　矢野は、中田弁護士から受けたアドバイスを専務に伝え、何とか承
認をもらい必要契約の締結に至った。それ以降、手のひらを返すよう
に本案件を最優先で進めてくれるジャンの対応に「ビジネスの進め方
は世界共通だと思っていたけど、まだ意外と日欧間にはビジネス上の
常識とマネジメントの感覚の違いが残っているものだな」と矢野は認
識を改めるのであった。

解説	A：海外 M&A 案件のアドバイスに経験豊富な中田弁護士 B：大手メーカーの海外 M&A 案件担当部署の中堅社員

■冒頭ストーリーについて

B：海外のグループ会社売却に際しては、現地が思うように動いてくれず、私も同様の経験をしました。その後、特別ボーナス支払い契約を締結すると、現地マネジメントが一転して案件の準備進行に協力的になるのは、見ていておかしくなるほどです。

A：私の方から対象会社の現地マネジメントへの特別ボーナスの支払い契約の必要性をお話しすると、現場の案件担当の方々にはご理解いただけることが多いのですが、売手の担当役員の方は怒り出してしまうことがしばしばあります。マネジメント対策は売却成功のための最初の重要なステップであることをご説明し、またそれが現地でのビジネス上の常識であることをお話しして、理解を得るようにしています。

■対象会社マネジメント対策が重要な理由

B：そもそも海外事業グループ会社売却に際して、なぜ売却対象会社のマネジメント対策が重要なのでしょうか？

A：一言で言いますと、案件の効率的進行と売却価格維持・向上のために必要不可欠であるということです。特に欧米の会社のマネジメントの場合には、職務のスコープに関する考え方が日本とは異なり、自分たちの職務は対象会社の経営であって、その売却

欧米のマネジメントに支払う特別ボーナスの内容	
定額部分	職務範囲外の作業を早朝や深夜、休日に対応してもらうため
売却価格連動部分	案件進展とともにマネジメントが買手に迎合するのを防ぎ、最後まで売手のために働いてもらうため

はスコープ外だと考えている人たちが大多数です。その人たちにデューデリジェンスの資料収集・整理のため、社内で秘密を守るために従業員のいない深夜・休日出勤をして対応してもらうには、特別な配慮が必要になります。また、これは万国共通ですが、売却案件が進行するにつれて、対象会社マネジメントがどうしても買手側に迎合しがちになるというのは、自然な人間心理ですので、少しでも高く売却するためには、最後まで売手の利益のため働いてもらう特別な配慮が必要になります。

■具体的な対応方法

B：中田先生によれば、対象会社のマネジメント対策が、売却案件での最初の最重要ステップであるとのことですが、具体的にはどう進めるのでしょうか？

A：第一にプロジェクトチームの人選です。対象会社の組織・経営・ビジネス全般について知識があり、デューデリジェンスの際のマネジメント・プレゼンテーションやマネジメント・インタビューを担当し、案件発表直後の従業員や取引先の動揺を抑えられる人をチーム入れる必要がありますので、トップマネジメント中心に

なります。一方で、デューデリジェンスのための資料収集や整理、Q&Aへの対応をしてもらう必要もありますので、現場に近い人もトップマネジメントからの要望に応じてプロジェクトチームに入れる必要があります。

B：プロジェクトチームの人選が決まったら、次は何をすればよいのでしょうか？

A：従業員や取引先に対する秘密保持のために秘密保持契約を締結するとともに、超過勤務のために定額ボーナスを支払い、更に売却価格が一定金額以上になった場合には、それに連動したインセンティブボーナスを支払う契約を締結する必要があります。

B：秘密保持契約は、社内規則で充分なのではないでしょうか？

A：そもそも売却情報が社内規則で対象にしている社内秘に該当するのか争われるリスクがありますし、対象会社が売却されそうだという情報が万一案件途中で社内に漏れますと、他の役員・従業員の士気が大幅に低下し、優秀な人たちほど他社へ転職するリスクが高まりますので、改めて秘密保持契約を締結して、その厳守の必要性・重要性を再認識してもらうべきです。同様に取引先に情報が漏れますと、競合他社への発注先変更を促す原因になり、対象会社のビジネスに深刻なダメージを与えかねません。

B：契約主体は、売却対象会社でしょうか、売却を実施する親会社でしょうか？

A：売却対象会社が契約締結すると早かれ遅かれいずれデューデリジェンスの中で買手に開示されてしまいますし、その結果、その金額分が売却価格から差し引かれることになりますので、親会社が締結するのがスマートです。

■カーブアウト案件でのマネジメント対策を誤ったための失敗例

B：売却案件で、マネジメント対応を誤った実例をご紹介いただけますでしょうか？

A：特定ビジネスの海外グループ会社を日本企業が一括売却した案件で、私は買手側の担当弁護士でした。売手側は秘密保持を何より優先して、対象会社の現地マネジメントに一切知らせず、親会社のみで売却を秘密裏に進めました。そのため、デューデリジェンスでの資料開示、マネジメント・インタビュー、Q&A対応ともにすべて対応が不充分で、買手側はフラストレーションを抱えるとともに、表明保証保険も保険会社に拒否されて付保できず、潜在的なリスクが大きく残りました。その結果、買手側から強く要求して、大幅に価格を減額させて買収しました。また、最終契約締結後に売手・買手によりマーケットに案件が公表された際、対象会社グループの現地マネジメント・従業員・取引先に大きな驚きと動揺が広がり、その混乱を鎮めるのに売手側では大変苦労したと聞いています。やはり、対象会社の現地マネジメントには一切知らせず、その協力を得ずに売却案件を進めるのは、無理だったと感じています。

B：やるべき対応を取らなかったために、売却自体が危うくなり、何とか売却に持ち込むため売却価格が大幅に叩かれてしまったのですね。

【第2フェーズ】

会社売却のためのオークション（入札）手続での、限定的な情報に基づく初期的な買収価格提示を1次ビッドで受けて選別した買手候補が、デューデリジェンスを実施するオークションの第2段階のこと。その終了時に確定的な買収価格の提示と契約書へのマークアップ・コメントを提出させて2次ビッドを行う。この2次ビッドを通過した買手候補と最終契約の交渉を開始する。

【VDR】

virtual data room ／バーチャルデータルームの略。Web上に設置されるデータルームで、そこにデューデリジェンスのための情報・書類が搭載されて買手に開示される。

【マネジメント・プレゼンテーション】

オークション手続の1次ビッドを通過した買手候補のチームに対して、対象会社のマネジメントが行う対象会社の概況説明。現在でも、対面で行われることが多い。

【マネジメント・インタビュー】

デューデリジェンスでの疑問点を確認するために担当マネジメントに対して行われる質疑応答手続のこと。リモート会議などで行われることが多い。

海外M&Aの典型的な流れ

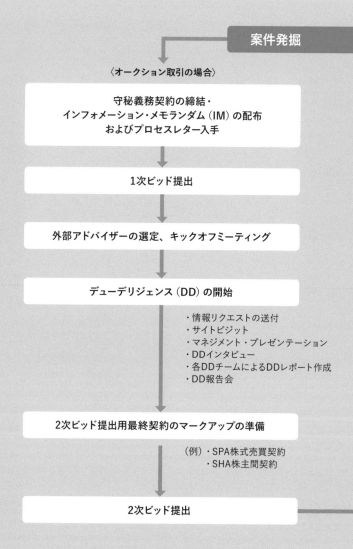

案件発掘

〈オークション取引の場合〉

守秘義務契約の締結・
インフォメーション・メモランダム（IM）の配布
およびプロセスレター入手

1次ビッド提出

外部アドバイザーの選定、キックオフミーティング

デューデリジェンス（DD）の開始

・情報リクエストの送付
・サイトビジット
・マネジメント・プレゼンテーション
・DDインタビュー
・各DDチームによるDDレポート作成
・DD報告会

2次ビッド提出用最終契約のマークアップの準備

（例）・SPA株式売買契約
　　　・SHA株主間契約

2次ビッド提出

案件発掘

〈相対取引の場合〉

守秘義務契約の締結

レター・オブ・インテント（LOI）の締結、タームシートの合意

外部アドバイザーの選定、キックオフミーティング

デューデリジェンス（DD）の開始

・情報リクエストの送付
・サイトビジット
・マネジメント・プレゼンテーション
・DDインタビュー
・各DDチームによるDDレポート作成
・DD報告会

契約交渉

・数回のマークアップの交換
　（2〜3週間）
・直接交渉（2〜3日）
・契約書ファイナライズ

署名

クロージングまでに行うべき事項の対応

（例）・競争法上の届出
　　　・チェンジ・オブ・コントロール
　　　　（COC）条項に関する合意取得

クロージング（代金支払い／取引実行）

（例）・新規取締役の任命
　　　・定款の変更

記録の保管

秘訣 03

ベンダー・デューデリジェンス

上手な売却のためには、ベンダー・デューデリジェンスは必要不可欠

ベンダー・デューデリジェンスは時間とコストの浪費と捉えるのは間違い

　8月半ばの酷暑の午後、世間はお盆休みにもかかわらず、化学メーカーの法務部長の中村は、社内のデスクで大汗をかきながら、あるビジネスに関する海外グループ会社の一括売却案件のデューデリジェンスへの対応に追われていた。同ビジネスの業績は安定的に推移していたが、トップマネジメントによる戦略の転換によりノンコア・ビジネスの位置づけとなり今後の成長領域への投資の資金作りのために売却

されることになった。2週間前から押しつぶされそうな量の作業に忙殺され、中村は体力も根気も尽きようとしていた。案件開始に当たり、中田弁護士からも会計事務所からもあらかじめベンダー・デューデリジェンスをすべきだとアドバイスされていた。しかし、中村は、会計事務所と法律事務所の先生方にお願いするのは、時間とコストの無駄遣いだと断り、FA限りでIM（インフォメーション・メモランダム、目論見書）を作成し、VDRを用意して第2フェーズに入った。だが、この形ばかりの対応がまずかったのか、デューデリジェンスの段階になってさまざまな問題が次々に買手候補会社（入札者側）から提起されてしまったのだ。

「入札者Aが、IM中のプロフォーマの連結財務諸表の整合性が取れないと言ってきています。どう対応したらよいのでしょうか？」

「入札者Bが、VDR中の契約書の多くが締結済みのものではなくドラフトでしかないので、早急に締結済みのものを開示してほしいと言ってきました。早速現地に問い合わせましたが、探してもなかなか出て

こないそうです。どうしましょうか？」

「入札者Cが、間違って開示してしまったすでに終了している契約書について、その背景を知りたいとして、きわめて多数の関連契約書の開示を新たに求めてきました。どうお断りしたらよいでしょうか？」

「入札者Dが、フィリピンで継続中の深刻な税務訴訟について詳細を知りたいので、担当者と担当法律事務所にインタビューを設定してくれと言ってきました。どうしましょうか？」

「入札者Eが、中国での贈賄事件に関する追加情報の開示を求めてきました。この件は本社では全くの初耳で、現地の誰宛てに問い合わせればよいのか分かりません」

「入札者Fが、その法律事務所からVDR中に競争法上センシティブな情報を含む書類や個人情報を含む書類がマスキング（黒塗り）されずにそのまま多数開示されているので注意するようにと警告されたが、売手側の法律事務所は問題なしとの判断だったのかと問い合わせてきました。どうしましょうか？」

　入札者Aと入札者Fからの指摘についてFAに相談したところ、対応するためには、そもそもFA限りでは無理だと断られてしまい、この段階になって会計事務所と法律事務所に作業を依頼したが、作業には想定外に長い時間がかかるとの回答で、中村はショックを受けた。

　入札者Eの指摘を見ると、社長が常日頃から社内外で自慢している当社の「習熟した上手な海外グループ会社の経営」は、とんだ穴だらけで、驚くほど海外グループ会社の現場の実情を知らないことが露呈されてきていると中村は愚痴ったが、ふと考えてみると、これは今回の売却対象グループ会社以外のほかの海外グループ会社全般についても同様な隠れたリスクが潜んでいる可能性があることを示している。中村は背筋にぞっと悪寒が走るのを禁じえなかった。

解説	A：海外 M&A 案件のアドバイスに経験豊富な中田弁護士 B：大手メーカーの海外 M&A 案件担当部署の中堅社員

■冒頭ストーリーについて

B：当社もある事業に関する海外グループ会社の一括売却案件で、同様な失敗をしたので偉そうなことは言えないのですが、ベンダー・デューデリジェンスを時間とコストの無駄と捉えた結果、大変厳しい状況に追い込まれてしまいました。

A：ストーリーの背景には2つの大きな誤解があります。1つ目は、海外対象グループ会社の業績がうまく推移していても、それは同時に、本社が海外グループ会社のオペレーションをしっかり掌握して、現場の隅々まで目が行き届いているということを意味するわけでないという点、ご認識いただくべきです。2つ目は、依頼を受けるとFAチームでは断れず、無理をしてでも作業を進め、何とか形を整えて準備を完了しますが、これは決して外部の会計事務所や法律事務所のベンダー・デューデリジェンスその他の対応に替えられるレベルのものではないという点、正しくご理解いただきたいです。

■ベンダー・デューデリジェンスは、時間とコストの浪費？

A：私は、カーブアウト案件では最初からベンダー・デューデリジェンスをするようアドバイスするのですが、ほとんどの場合、時間とコストの無駄だと言われ拒否されます。しかし、ベンダー・デュー

> ### ベンダー・デューデリジェンスが必要な理由
>
> **●ベンダー・デューデリジェンスとは**
> 通常のデューデリジェンスが買手企業が行うのに対して、あらかじめ売手企業が会計事務所や法律事務所などに依頼し買手によるM&Aの検討に必要であろう情報を調査することをいう。
>
> | 売手企業のメリット | 自社の事業を事前に調査して、発見した問題点について、あらかじめ解消するなど対応を検討することができ、売手のロジックで説明したファクトブックを買手に渡すことができる。 |
> | --- | --- |
> | | 特にオークション案件で、整備されたすきのないVDR（バーチャルデータルーム）を準備することができる。 |
> | | デューデリジェンスでの買手側からの質問に対し、売手側の会計事務所・法律事務所限りでほとんど回答できるようになる。 |

デリジェンスこそ上手な売却のためには必要不可欠なのです。

B：カーブアウト案件での私自身の過去の経験を踏まえても、ベンダー・デューデリジェンスが必須であると実感します。

■必要・有益な理由

A：カーブアウト案件に際しては、その組織構造・資本関係等の理由から、対象グループ会社の連結財務諸表が作られていないことが多く、その場合にはまずIMに当然記載されるプロフォーマの連結財務諸表を作成するのが、売却のための第一歩になります。その意味では、少なくともこの点に関する財務デューデリジェンスは必要不可欠ということになります。また、売却案件でもオークションの形をとる場合には、買手側からのRFI（リクエスト・フォー・インフォメーション、情報開示依頼）を待ってそれに対

応する形でVDRを用意し情報搭載するのではなく、売手側主導で作る必要があります。そのためには、売手側の会計事務所と法律事務所に買手側の視点でのRFIを出してもらって、資料収集・整理するのが最も効率的ですし、的確な対応が期待できます。その上で、情報がVDRへ搭載された後、必要資料が正しく搭載されている（たとえば財務諸表は最終確定版が入っているか、契約書は締結済みのものが入っているか、すでに終了した契約が紛れ込んでいないか等）ことを、売手側会計事務所と法律事務所にチェックしてもらうことが効率的ですし、それであれば、その際にその内容にもざっと目を通してもらい、その過程で発見された問題点をあらかじめ解消するなど、買手側からの指摘への対応を検討しておくのが効果的です。更に、ベンダー・デューデリジェンスで発見された問題点のうち解消されずに残ったものについては、finance/tax/legal fact bookの形で売手の観点とロジックで整理説明し、買手側のデューデリジェンス開始に先立ち、買手側に渡しておくのも効果的です。黙っていて買手側の会計事務所・法律事務所から重大な問題ありと指摘され買手側で大騒ぎになってから対応するより、あらかじめ売手側から事実関係を整理して売手側のロジックで説明しておくことによって、買手側の懸念が軽減され、デューデリジェンスのプロセスが大幅に促進されるというのが過去の経験です。また、これら作業の結果として、買手側デューデリジェンスでのQ&Aへの対応のため、その都度、売手側担当者が対象グループ会社の現地チームに問い合わせる必要がなくなり、ほぼ会計事務所・法律事務所限りで回答できることになります。

B：先生の理由に追加するとすれば、海外M&Aに習熟し海外グループ会社の経営を得意としてきた当社のような日本企業であっても、海外グループ会社の現場の問題については驚くほど知らな

いという現実があります。近年は、海外企業買収に当たって、スムーズな移行のために、従前からのマネジメント・チームをそのまま引き継ぎ経営を継続してもらうことが増えましたので、一層その傾向が高まっているように思われます。買手側にVDRへのアクセスを認める前に、売手側で対象グループ会社の現状について今一度見直しておく必要性があるように思います。

A：更に、売手と買手がマーケットでの競合会社である場合には、競争上センシティブな情報についてはマスキングするか、アクセスできる人が限定されたクリーンルームに搭載する必要があります。また、個人情報管理の観点からマスキングが必要とされる情報もあります。これらの情報の仕分けのチェックも法務のベンダー・デューデリジェンスの一部となりますので、この点では法務デューデリジェンスは必要不可欠という位置づけになると思います。

■実例の紹介

A：あるヨーロッパのコングロマリットが、組織とオペレーションがグローバルに広がるその一事業部門を一括売却するカーブアウト案件に、私は買手側の日本企業の弁護士として参加したのですが、開示された資料に目を通すと、なんと売手側ではオークション開始の約1年前から売却のための準備に着手していることが分かりました。その入念な準備期間に驚きましたが、そのうちのかなりの期間がベンダー・デューデリジェンスに使われていたようです。繰り返しになりますが、どこまでベンダー・デューデリジェンスを実施すべきか案件ごとの個別判断になりますが、基本的にスムーズな売却のためにはベンダー・デューデリジェンスは必要不可欠とお考えいただき、それを前提に日程作成されるべきだと思います。

【IM】

information memorandum ／ インフォメーション・メモランダムの略。M&Aのために対象会社の概況を記載した目論見書。多くの案件では買手候補会社に対し、秘密保持契約の締結と引き換えに、プロセスレターとともに交付される。

【プロフォーマ】

ある一定の仮定に基づき、当該事業の財務情報を切り出し連結したもの。

【競争法上センシティブな情報】

マーケットでの競争者同士の自由な競争を抑制する恐れのある情報のこと。特定の取引相手との実際の取引価格、原価構造、価格戦略などを意味する。

【マスキング】

法律上開示に差しさわりのある情報を黒塗りなどによって隠すこと。

【RFI】

request for information ／リクエスト・フォー・インフォメーションの略。デューデリジェンスのために買手から売手に交付される開示要請情報リスト。

【クリーンルーム】

法律上アクセスに問題ない買手側関係者のみが入れるVDRのこと。

【プロセスレター】

オークションの手続、日程とルールを記載した書面。

秘訣 04　オークション（入札）手続

欧米でのオークションの実際を熟知して、上手にオークションを運営しよう

オークション手続を進める際の注意点とは？

　高く晴れた秋空と清々しい空気にもかかわらず、IT/ネットワーク・サービス会社の経営企画部長である岡本は、判断が難しい問題に直面し悩んでいた。海外にも広がる特定事業グループ会社の一括カーブアウト売却が決まり、オークションを開始したのは昨年末のこと。当時は、長年にわたり手がけてきた愛着のある事業部門が、売却後に解体されて切り売りされるのを見たくないとの理由で、オークションはファン

ドを外した事業会社のみを集めた。ところが、参加した事業会社の間では対象事業の将来に対してはコンサバティブな見方が大勢で、また当初期待したほどにはシナジーが認識できないのか、デューデリジェンス後に2次ビッドで各社から提示された買収価格は想定外に低かった。そのうちで最大の価格を付けた1社と値上げを図るべく継続交渉したが、結局売却を断念することになってしまった。

　それをどこから聞きこんだものか、グローバルに活動している最大手の米系ファンドのB社から、うちに売らないかと声をかけてきたのである。売却は既定路線で、事業会社への売却がうまくいかなかった以上、次善の策としてファンドへの売却もやむを得ない。しかし、同ファンドが要求するとおり独占交渉権を与えて相対取引で話を進めるか、他のファンドにも声がけして再度オークション取引を始めるか…。悩んだ岡本は、本案件を担当している中田弁護士に電話をして、その考えを聞いた。

「B社へ独占交渉権を与えて相対取引で話しを進めるか、それとも再度オークション手続を始めるべきか、中田先生のお考えはいかがでしょうか？」

「B社からの提示価格は、前回のオークションに参加したどの事業会

社の提示価格より高く、貴社マネジメントのお考えでは、その価格で売ることになっても異存はないが、より高い価格を付けるファンドがあるのであれば、そちらに売りたいと理解しました。それであれば、ダブルトラックを組むのはどうでしょうか？」

「どういうことでしょうか？」

「B社に対しては、独占交渉権を付与できるほどにはノックアウト・プライスではないが、相対取引で手続を進める用意はあり、デューデリジェンスの進展によって、もし提示価格が上乗せされ貴社にとって納得がいく線まで来たら、独占交渉権を与えると伝えます。その上で、前回のオークション手続での準備をベースに、今度はファンドに声がけしてオークション取引を開始します。そこでのデューデリジェンス後の提示価格もご覧になり、B社からの提案を検証されてはいかがでしょうか？もちろん、B社より高い価格を提示するファンドがあれば、そちらとの話合いも並行して進めることになりますし、B社より提示価格が低いファンドしかない場合でも、最高値を付けたB社の滑り止め候補として残しておくのが安全です」

「二兎を追うものは一兎を得ずになりませんか？」

「そうならないよう、両ファンドの提示価格、その他の条件に応じて、適切に対応の優先順位を作り、上手に対応していくべきです」

「なるほど。難しい進め方ではありますが、FAの菅野さんも経験豊富で優秀な方ですので、菅野さんと緊密に連絡を取り合いながら、この方法で進めてみることにします」

「そのとおりです。この進め方で始めつつ、状況の変化に応じて柔軟に対応方針を見直していくことが重要になります。」

　中田弁護士から安全な進め方をアドバイスされ、進むべき方向や考えがまとまり心に余裕ができたのか、岡本はふとオフィスにまで薫る窓の外の満開のキンモクセイに気づくのであった。

| 解説 | A：海外 M&A 案件のアドバイスに経験豊富な中田弁護士
B：大手メーカーの海外 M&A 案件担当部署の中堅社員 |

■冒頭ストーリーについて

B：これは特定の案件の中での具体的な状況を踏まえた判断で、必ずしも常にこのように進めることだけが正解というわけではないように思われますが、いかがでしょうか？

A：全くそのとおりです。多くの日本企業は海外M&Aで買手側に立つことには習熟してきましたが、売手側に立つこと、特にオークション手続を開催・運営することへの経験は浅く、慣れていません。売手案件に習熟した欧米企業が行っているような思い切った選択肢もあり得るということをこのストーリーではお伝えしたかったのです。

■オークション取引のメリット・デメリット

B：海外グループ企業のカーブアウト売却に当たっては、相対取引ではなく、オークション取引で売却することが多いようですが、そのメリット・デメリットをお話しいただけますでしょうか？

A：まずオークションのメリットですが、10社を超えるような買手候補会社と一挙に話を進められるので効率的です。また、売手側で自由に日程設定できるので、短期間で売却を完了することができます。更に、競争環境で手続を進めますので相対的に高値で売却することができます。それに加えて、ここ数年の流行で、オー

クション取引の場合には、買手側で表明保証保険を付保すること
を約束させ、それを前提に売手は一切表明保証違反に関する責任
を負わないとするプラクティスも頻繁に見られるようになってい
ます。

B：売手にとっては、良いところばかりのようですがデメリット
はあるのでしょうか？

A：オークション取引のデメリットは、売手側に短期間に膨大な
作業が集中しますので、それなりの負担を覚悟する必要がありま
す。また、多数の買手候補会社とその各種アドバイザーが手続に
関与しますので、売却することがリークされるなど、噂になるよ
うなこともあります。その場合には役員・従業員の士気の低下と
転職リスクが高まり、取引先の離反などビジネスへの悪影響も想
定されます。更に、一度オークション取引を進めて失敗すると、
再度の売却活動がきわめて困難になるとも言われています。それ
を踏まえて、案件ごとにいずれがベターかを検討することになり
ます。

B：どのような売却案件にオークション取引が選ばれることが多
いのでしょうか？

A：一般的な印象では、数カ国にわたる一事業部門のグループ会
社を一括売却する、いわゆるカーブアウト案件では、オークショ
ン取引が多いように感じられます。案件規模が大きく少しでも高
値で売却する要請が大きいこと、そのために必要な追加コストを
かけてもやむを得ないと考えられること、買手候補ごとに出てく
る個別条件（たとえば、アジアだけほしいとか、東欧はいらない
等々）が多彩でそれを見てから買手を絞りたいことがその理由か
と思われます。

■オークション取引を進める場合の注意点

B：オークション取引を進めるに当たっての日本企業に対するアドバイスをお願いできますでしょうか？

A：欧米のマーケットでは、本命の買手とは相対取引で交渉を続けながら滑り止めでオークションを進めるダブルトラックや、そのいずれも失敗する場合に備えて株式の上場準備も並行して進めるトリプルトラックが当たり前だという点をご理解いただきたいと思います。熱心な買手は、オークション手続の最初から売手側に働きかけて相対取引での交渉ポジション（できれば独占交渉権つき）を獲得しようとしますので、上手に見極めて柔軟に対応することが重要です。また、買手側FAは最終ビッドの締め切り後に売手側のFAのところに来て、最高値であったか、違うとすると最高値にはいくら足りなかったかを聞き出して、追加で最高値を相応に上回る価格でオファーするのでこちらを選んでほしいと言ってきます。欧米の多くの売手はその場合には、後出しじゃんけんであっても価格が高い方に流れますし、更にやり手の売手側FAですと、もともと最終ビッドで最高値を付けた買手候補のところに行って、2番手ではあったが追加で価格をこれくらいまで乗せてくれたら御社を選びますよと働きかけて、更に増額を図ることまでやります。ここまでやるのかは、売手側の日本企業での当該案件の位置づけや、会社のカルチャーにもよるかと思いますが、そういう手もあることは念頭に置くべきかと思います。

B：そのような裏取引をして訴えられるようなリスクはないのでしょうか？

A：そもそも裏での取引が表に出ることはほぼありませんし、欧

オークション取引と相対取引のプロコン比較表

〈オークション取引の場合〉

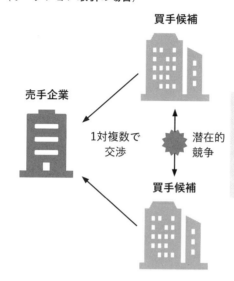

買手同士で潜在的に競争をするため、売手側有利の条件となるなど、売手側の要望が通りやすくなる。

〈相対取引の場合〉

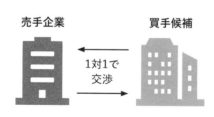

競争相手がいないため、買手側有利の条件となるなど、売手側の要望が通りにくくなる。

案件の秘密保持を徹底しつつ売手が希望する相手方との間での成約を目指したいと考える場合は相対取引が適していると言えます。最終的な決断は、会社の状況やM&Aの目的を考慮した上で行われますので、M&Aの専門家に相談して専門的知見によるアドバイスを受けつつ、適切な取引を選択することをおすすめします。

オークション取引と相対取引の比較表

〈オークション取引〉

メリット	複数の買手候補企業の間での潜在的な競争関係のため、相対的に売却価格が上がる。
	複数の買手候補企業の間での潜在的な競争関係のため、買手の都合は考えずに売手側が日程設定ができるため、売却までの期間が短くなる。
デメリット	オークションに参加する複数の買手候補企業とその多くの関係者から情報が漏洩されるリスクが高まる。社内外への情報漏洩により、役員・従業員の士気の低下と転職リスクが高まり、取引先が離反するリスクも高まり、企業のイメージ低下につながる。
	一旦オークションを進めて失敗すると、再度の売却活動が困難になると一般的に言われる。
	売手の担当者チームに短期間に膨大な作業が集中するため、負担が大きくなる。

〈相対取引〉

メリット	売手が最も望ましいと考える相手方と交渉をして成約を目指すことができる。
	情報提供を交渉相手のみに制限できるので、社内外への情報漏洩リスクを限定できる。
	万一売却交渉が成約しなくても、容易に第二希望の買手候補と交渉を開始することができる。
デメリット	売却価格が相対的に低くなる傾向がある。
	売却の時期が相対的に遅くなる傾向がある。
	なかなか交渉がまとまらず、第二希望以下の複数の買手候補と交渉を繰り返すことになる場合には、非効率な結果になる。

double track/triple trackのイメージ図

オークション取引の流れ

第1フェーズ（準備）	守秘義務契約の締結
	プロセスレター・IMの配布
	1次ビッド（意向表明書の提出）、候補者の足切り
第2フェーズ（交渉）	マネジメント・プレゼンテーション
	デューデリジェンスの実施（VDR、Q&A、マネジメント・インタビュー）
	2次ビッド（最終意向表明書とSPAマークアップコメントの提出）による買手候補の絞り込み
第3フェーズ（契約）	最終契約の交渉・締結
	クロージング

同時進行

ダブルトラック

オークション手続の進行と並行して、第一希望の買手候補とはその枠外で相対取引をすること。

同時進行

トリプルトラック

オークション取引と相対取引のいずれもうまくいかない場合に備えて、並行して対象会社の株式上場の準備を進めること。

米マーケットでの**オークションルール**では、万一の場合のリスクも踏まえて、機会喪失による損失やコストの賠償を求められることのないように、このような対応についての売手側の完全な自由を明確に規定しています。オークションルールについては、FAからの標準フォームだからという説明を安易に妄信せずに、必ず法律事務所にもチェックを依頼すべきだと思います。

■コロナ禍の中での追加的注意点

B：先生から、新型コロナ感染拡大の期間中に新たに出てきた注意点があると別な機会にお聞きしましたが、ここで再度お話しいただけますでしょうか？

A：デューデリジェンス対応が遅れたため、最終ビッド以降もデューデリジェンスを行うことができることを買手に認める**コンファーマトリー・デューデリジェンス**を継続する前提で買手候補を1社に絞った際に、コンファーマトリー・デューデリジェンス終了後に最後に出てきた買手が考える**ワーキング・キャピタル（運転資本）**の適正値に驚かされたことがありました。こちらの案件では、コロナ禍期間中に事業運営を上手に行って縮小均衡していた対象会社について、年間のワーキング・キャピタルの変動調整ではなく、アフターコロナの業績回復期に必要なワーキング・キャピタルを算出し、現状のワーキング・キャピタルとの差額を減額調整すべきだという買手側の主張がベースでした。デューデリジェンスで発見された減額要因**デットライクアイテム（負債類似項目）**のリストとは異なり、大変大きな減額になるため驚いたのですが、そもそも『ワーキング・キャピタル＝在庫＋売掛金－買掛金』ですので、業績回復期には自然に増加していく性格の

もので、その議論はおかしいと思われます。そのように反論したのですが、議論は平行線をたどり、結局交渉は成立しませんでした。ここでお話したいのは、ワーキング・キャピタルに関するどちらの考え方が正しいかではなく、そもそも最終ビッドで買手候補を1社に絞る際には、最終的な買収金額とともに、デットライクアイテムのリストと金額とともに、適正ワーキング・キャピタルの数値も合わせて提示させるべきだったということです。逆に言うと、コンファーマトリー・デューデリジェンスが続く段階では、買手候補を1社に絞るべきではなかったということです。オークション手続運営に際しては、重要な注意点になりますので、ご留意いただければと思います。

【オークションルール】

オークション（入札）のルールで、プロセスレターに記載される。ビッドレターへの必要記載情報とその提出方法・提出期限のほか、入札通過者の決定や入札手続停止・中止、入札手続外での売却交渉等々について売手側に全面的な自由が認められ、入札者に対しコストや機会損失を理由に賠償責任を負うことはない旨規定される。

【コンファーマトリー・デューデリジェンス】

confirmatory due diligence ／本来2次ビッドの前に実施され完了されるべきデューデリジェンスが何らかの理由で完了しなかった場合に、売手が特例として2次ビッド後にも一定の範囲では継続してデューデリジェンスを行うことができることを買手に認めることがある。

【ワーキング・キャピタル】

working capital ／運転資本と言われるが、M&Aの案件に際しては、「在庫 + 売掛金 − 買掛金」のこと。

【デットライクアイテム】

debt like item／簿外債務などデューデリジェンスで発見された減額要因のこと。年金の積み立て不足、過少納税への追徴金額、敗訴判決、合弁子会社の第三者持分などが典型例。

── NAKATA の COLUMN ──

契約書交渉 2
交渉テクニックのバリエーション

　M&Aの契約交渉に際して、当方としてはこの点はこうしてほしいという単に希望をコメントとして出すだけでは、交渉はいつまでも平行線をたどり妥結せず、契約締結に至らないことになります。このような状況を打破し、交渉を進展させるために、相手の特性を知った上での交渉テクニックの活用が重要となります。

　契約書交渉の最も伝統的なテクニックは、自分側の主張をバックアップする事実やロジックを、説得力を持って雄弁に話すことです。私のように海外M&A案件を手がける弁護士という立場上、案件ごとに売手側に立ったり、買手側に立ったりと頻繁に立場が変わる者からすると、買手側の事情やロジックもよく理解できますので、何の疑いもなく売手側の立場からの主張を繰り返し、買手側の主張には一切耳を貸さないというテクニックの利用には内心抵抗感があります。ただ、そもそもアメリカのディベート術とはそういうもので、その訓練を受けた人は、延々と自分側の立場からの主張のみを話し続けます。しかしながら、M&Aの案件では、このテクニックのみで相手方を論破するのは難しく、あくまでそのポイントに関する交渉開始時のopening remarks（冒頭挨拶としての双方の主張交換）程度でしか使えないと感じています。

　アメリカ人（と一部ドイツ人）が伝統的に日本人に使ってきた交渉

テクニックは、高圧的な姿勢で自分側の主張を押し付けようとし、これを受け入れないとdeal break（取引の中止）だと脅すものです。日本人もアメリカ人との長年のお付き合いですっかりこの交渉パターンに慣れています。冷静に反論すべきところは反論して、deal breakだという脅しは聞き流すことで、粘り強く交渉していくことが上手になっているように思います。

　逆に日本人が伝統的にアメリカ人に対して使ってきた交渉テクニックは、とにかく交渉を長引かせ、アメリカ人担当者が帰国するフライトのギリギリの時間となり、譲歩をせざるを得なくなるのを待つというものです。現在ではフライトの便数が増え、変更が柔軟にできるようになりましたし、リモート・ミーティングのためのツールの発達・

普及もあり、もはや通用しないテクニックになっているように思います。

　イギリス人が使うテクニックは、①相手側の主張をよく聞き、その背景にある懸念点を解消するためのソリューションを提示して、相手側の主張をつぶしたり、②たくみに質問を重ね、相手側が不用意に回答していくと、いつの間にか相手側がイギリス人側の主張を認めざるを得なくするというテクニックです。①については、ソリューション実行のための時間とコストも勘案して、冷静にそのプロコンを判断して対応を決めるべきですが、②については、イギリス人からの質問に対しては即答せずに、じっくり時間をかけてよく考えてから回答するようにすべきです。特にイギリス人が "Are you sure?" と念押しして確認を求める場合には、注意が必要です。

　日本人もそうですが、イタリア人が交渉の場でしばしば使うテクニックは、さほど重要ではない点について交渉が行き詰まると、すぐに足して2で割ろうと提案してくる方法です。

　また、フランス人がしばしば使うテクニックは、パッケージ提案です。私自身、M&A案件での交渉では最も優れたテクニックだと考えているのが、このパッケージ提案です。たとえば、コマーシャルなポイントを中心に最後に重要な6つの論点が残った場合に、A、B、Cについては大幅に譲歩する代わりに、D、E、Fについては自分たちの要求をそのまま認めてほしい、これはパッケージ提案なので一部でも修正すると撤回することになるとするものです。これに対しては、A、B、Cについては更に追加でこの点について譲歩をしてほしい、D、E、Fについてはここをこのように修正してほしい、この修正パッケージであれば当方では受け入れ可能だと切り返すことになります。なぜこ

の交渉テクニックが優れているかというと、実は多くのM&A案件では、売手と買手で、6つのポイントに関する重要度・優先順位が微妙にずれているからです。当方にとっての最優先ポイント3つを受諾してくれれば相手方にとって最重要な3つのポイントは譲歩するという提案は、双方にとって受け入れ可能なことが多く、実際当初提示されたパッケージ提案が、微修正による再提案の応酬の後、結局まとまり交渉妥結することが多いように思います。

　最後に、国を問わずM&Aの交渉で売手側にとって重要な点は、対象会社のマネジメントと買手企業の接触を断つことです。買手企業が、対象会社のマネジメントを説得してしまい、対象会社マネジメントに「この買手に対象会社を売却してくれないのであれば、自分たちは対象会社を辞める」と言われてしまうと、売手としても買手側の主張を認めざるを得なくなり、買手の全面勝利で交渉の決着がつくことになってしまうからです。M&Aの実務では、売手側の注意として、絶対に対象会社マネジメントを交渉の席に参加させてはならないとされていますし、買手に対象会社マネジメントへの直接のアプローチを一切禁止するようにしています。

05

表明保証保険の活用

表明保証保険は、売手のリスク軽減のための最重要なテクニック。限界を理解した上での上手な活用が重要

ストーリー

限界を知って上手に活用するには？

　製薬会社Y社の執行役員の河村は、オフィスの窓越しに灯り始めたクリスマスイルミネーションも目に入らないほど、担当課長の富永からの報告に苛立っていた。海外事業グループ会社を一括カーブアウト売却するためのオークション取引で、買手側で表明保証保険に入ることをコミットし、2次ビッドを通過した最終買手候補のバイアウト・ファンドのA社から、案件の最終段階で連絡が入った。株式売買契約

書の交渉も進み、最終化まであと一歩のところで、保険会社から表明保証保険を付保できないと拒絶されたという。そのためA社は、cap/threshold/de minimis（売主の表明保証違反による補償責任への制限）やタイムリミット（クロージング以降責任追及できる期間制限）といった一般的な責任制限を付した売主の補償責任を規定し、その履行保証のためエスクローを設定してほしいと言ってきたのだ。

「富永君、表明保証保険が付保できないとはどういうことなんだ！」河村は声を荒らげた。

「soft stapledを前提に当社側で見積もりを取っていた保険会社から、最後になって付保を拒否されたと言っています。A社によれば、A社の社内チームによるデューデリジェンスだけでは付保できない、外部のファイナンス・税務の専門の会計事務所や法律事務所のデューデリジェンス・レポートが必要だと保険会社に言われたとのことです」富永の説明を聞いていた河村は、中田弁護士に言われた言葉が頭をよぎり力なく呟く。

「そんな入札者はお引き取り願って、すぐに他の入札者に移りたいところだが。中田先生のアドバイスに従わずに、2次ビッドで1社に絞ってしまったのが失敗だったか…」

「2次ビッドの結果通知からすでに1カ月以上経っていますし、SPA（株式譲渡契約書）の交渉がここまで進んだ今となっては、最初から契約書交渉をやり直すこともできません。A社によれば、3年前に付保した際には、社内チームによるデューデリジェンスだけでも付保できたのにということで、保険会社が悪いと言わんばかりです」と富永も憤りを隠せない。

　悩みに悩んだ河村は、窮余の策として昔の経験に基づき、売手側保険に入ってはどうかと思いつき、早速、中田弁護士にリモート会議をお願いした。

「残念ながら、本案件ではベンダー・デューデリジェンスをやりませんでしたので、売手側保険の付保もできません。確かに昔は、売手側保険はベンダー・デューデリジェンス・レポートなしでも代表者のaffidavit（宣誓証明書）だけで付保してくれた時代もありました。しかし今は買手側保険の利用が圧倒的なため、売手側保険の付保申込に対して保険会社が警戒するようになったのか、付保にはベンダー・デューデリジェンス・レポートが必須になっています。そもそも2次ビッドの入札レターに買手側の担当法律事務所や会計事務所を記載してありましたよね」と中田弁護士は河村に尋ねた。

「記載されていた法律事務所は株式売買契約書の交渉担当の事務所で、そちらには法務デューデリジェンスは依頼していなかったそうです。会計事務所も本案件に関する全般的な相談はしているようですが、デューデリジェンスの依頼はしなかったそうです」

「デューデリジェンス担当の外部事務所を入札レターでしっかり確認すべきでしたね。年末までに株式売買契約書を締結し、案件を公表し

なければならないという貴社のタイミングを考えると、この段階では残念ながらいかんともしがたく、A社の要望どおり、売手の補償責任を規定して、エスクローを設定せざるを得ないと思います」

　河村は、A社の対応に詐欺的な匂いを感じ、フェアではないと思いつつも、買手側表明保証保険が付保されるよう、買手側で外部会計事務所・法律事務所を使ったデューデリジェンスを行うことをきちんと確認しなかった自社のFAの脇の甘い対応を今更ながら悔やむのであった。

| 解説 | A：海外 M&A 案件のアドバイスに経験豊富な中田弁護士
B：大手メーカーの海外 M&A 案件担当部署の中堅社員 |

■冒頭ストーリーについて

B：売手側保険の付保にも、ベンダー・デューデリジェンス・レポートが必要とされるようになったというのはまだ理解できますが、ファンド内部に資格のある弁護士や税理士がいても、内部のデューデリジェンスだけでは付保できず、外部の会計事務所や法律事務所のデューデリジェンス・レポートが必要とされるのは厳しいですね。

A：表明保証保険の実務は、その利用の普及と発展に伴い年々大きく変わってきていますので、コンスタントな知識のアップデートが重要です。

■買手側保険でも実は売手にメリットが大

B：近年海外M&A案件を中心に表明保証保険が活用されるようになってきていますが、海外での売却案件における表明保証保険の利用状況はどうなのでしょうか？

A：まず前提として、現在、表明保証保険はほとんどの場合、買手側が付保する買手側保険になっており、売手である日本企業が付保することはありません。しかしながら、表明保証保険では、通常の保険とは異なり、保険会社が保険金を支払ったあと被保険者である買手に代位して売手に表明保証違反による補償請求をし

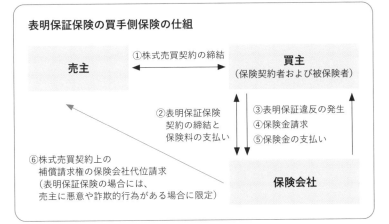

表明保証保険の買手側保険の仕組

売主 ①株式売買契約の締結 買主（保険契約者および被保険者）

②表明保証保険契約の締結と保険料の支払い

③表明保証違反の発生
④保険金請求
⑤保険金の支払い

⑥株式売買契約上の補償請求権の保険会社代位請求（表明保証保険の場合には、売主に悪意や詐欺的行為がある場合に限定）

保険会社

表明保証保険を利用するメリットの比較

買主にとってのメリット

損害が発生した場合、早期に回収（キャッシュ・イン）を図ることができる。

損害の回収を確実に図ることができる（売主よりも保険会社の方が信用力が高い）

売主との良好な関係を維持

売主にとってのメリット

売手に悪意や詐欺的な行為がない限り、表明保証違反の際の補償責任を、買手にも保険会社にも、追及されるリスクがなくなる。

買主との良好な関係を維持。

て求償を図ることが原則できない商品設計になっているため、売手にとってメリットが大きいという特色があります。もちろん買手にとっても、合理的に判断して早期に保険金を支払ってくれる保険会社を相手とした方が、あらゆる口実を設け、補償金支払いを拒否し、減額交渉をしてくる売手を相手とするより楽だというメリットがあります。このような状況下で、オークション取引はもちろん、相対取引でも売手は買手に対し付保を要求し、買手も応じることが多くなっています。案件によっては、買手側保険の保険料を買手と売手で折半するようなこともあります。

B：昔はファンドが売手の場合を中心に、売手側保険もよく使われたと聞いていますが。

A：現在では買手に買手側保険に入ってもらう実務が定着し、売手が売手側保険を付保しようとすると保険会社に変な目で見られて怪しまれるのが実情です。昔は売手側保険の場合には、売手のCEOによるaffidavitの提出で充分だったのですが、現在ではベンダー・デューデリジェンス・レポートの提出が要求されるように保険実務が変わっています。

■オークション取引での流行

B：表明保証保険は、オークション取引ではどのように活用されているのでしょうか？

A：最近は、あらかじめ売手側で保険ブローカーを用意して表明保証保険を提供する保険会社を集めてもらい、その上で買手が表明保証保険の付保に同意することを当該オークション手続に参加する前提条件として、売手は株式売買契約書での表明保証違反について一切責任を負わないとするのが一種の流行になっています。

確かに買手によるデューデリジェンスが不充分なために付保され
ないリスクは買手で負ってもらうべきですが、それ以上にそもそ
も付保の対象外とされる種類のリスクについてもすべて買手でリ
スクを取ってもらうという点で、オークションの競争状況を利用
して売手が売手有利な条件を強要しているという側面もあります。

B：前者についても、デューデリジェンスが不充分な理由がバー
チャルデータルームでのデータ開示が不充分だったという場合に
は、買手側でリスクを取る理由がないように思われますが？

A：それもあって、売手と買手の交渉によって、一切の表明保証
違反について免責されるのではなく、表明保証保険でカバーさ
れる範囲内でのみ売手は免責されるとすることも多々見られま
す。重要なのは、案件の最後の段階になってから、はじめて表明
保証保険のカバー範囲が判明するため、その段階で買手からこの
問題が提起されがちだという点です。したがって、売手としては、
一切の表明保証違反についての最大責任が€１という株式売買契
約書ドラフトであっても、このような場合に備えて、通常の補
償責任の限定規定（time limit、cap、de minimis、threshold/
deductible）も入れておくべきです。

■意外な落とし穴

B：表明保証保険の利用に関連して遭遇しがちな思いがけない落
とし穴について、ご紹介いただけますでしょうか？

A：冒頭の事例がその典型例です。買手が外部のどこの会計事務
所と法律事務所を使ってデューデリジェンスをするかについて１
次ビッドの入札書に記載させ、デューデリジェンスの過程で実際
にそれらの会計事務所・法律事務所が稼働していることをFAに

確認させるべきです。そのほかにも、カーブアウト案件のように多くの国に対象会社グループ企業がある場合に、重要性の観点から優先度が低い国については、買手側でのデューデリジェンスがなおざりになりがちなのは経済合理性の観点から理解できるところですが、それらの国については保険の付保から外されるリスクもあり、その場合には買手でリスクを持ってもらうことをオークションの早い段階で明確にしておかないと、最後の最後になってこれらの国に関しては、通常の責任制限とエスクローを前提とする補償責任を売手で負ってもらいたいと交渉してくる可能性があるので注意が必要です。

用語説明

【バイアウト・ファンド】

投資家から集めた資金で、主に成熟期以降の会社に投資し、経営に関与して企業価値を高めた上で、株式を売却することで利益を得るファンド。株式を売却する方法には、転売や上場、再上場などがある。

【cap/threshold/de minimis】

売主の表明保証違反による補償責任への制限。capは責任の上限、thresholdは補償を求めることができる責任の下限、de minimisはthreshold算定の基礎となる個々の違反の足切り金額。

【タイムリミット】

売主の補償責任を追及することができる期間に対する制限。クロージングから1年ないし2年くらいで合意されることが多い。

【エスクロー】

M&A案件において、売手の責任履行の引当のため、第三者であるエスクロー・エージェントに売買代金の一部をプールしておき、エスクロー契約上の規定に厳密に従ってエスクロー・エージェントが預かった資金を払い出す制度。

【soft stapled】

オークション案件では、売手があらかじめ保険代理店を通じて表明保証保険の付保の可否と条件の見込みを保険会社に打診することがあり、その際のベストの2〜3の保険会社のリストの中のいずれかの保険会社の表明保証保険を付保することを買手に強制するのがhard stapledで、それが強制されないのがsoft stapledと呼ばれる。

【売手側保険】

M&A案件で売手がその表明保証責任を買手から請求される場合に備えて付保する表明保証保険。

【affidavit】

宣誓証明書。

【買手側保険】

M&A案件で買手が売手の表明保証違反に備えて付保する表明保証保険。売手に詐欺的な行為がない限り、保険会社は保険金支払い後、買手に代位して売手に求償することがないように商品設計されている。

06

売手と対象会社の
内部取引の整理・解消

TSAを活用した
現実的な移行を
目指す

スタンドアローン・イシューへの
上手な対処方法

　光学機器メーカーの事業部長の久保は在宅勤務日の午後、自宅前の街路樹の満開の桜を眺めながら、現在進行中のドイツの子会社Z社の売却案件について考えをめぐらせていた。Z社は開発・製造・販売機能を有するフルファンクションの子会社ながら、その経理会計、法務コンプライアンス、人事などのバック・オフィス機能は、Z社の直接の親会社である欧州の地域統括会社に全面的に依存している。この点

を久保は最初から気にしていた。そして案の定、昨日になって買手から、「Z社はバック・オフィス機能を支えるための人員がおらず、地域統括会社に依存していてスタンドアローン（独立した会社）ではない。買収後に必要な人員を雇い入れ、体制を整えるための費用として€ 400 million（約6億円）を要すると見積もられるため、その分は合意済みの買収金額から差し引かれるべきだ」と指摘され、対応に苦慮していた。

　いくら考えても妙案は浮かばなかった久保は、本案件へのアドバイスをお願いしている中田弁護士とリモート会議を行い、この問題について話し合うことにした。

「中田先生、先方の要求には納得できる理由があり、認めざるを得ないと思われるのですが、いかがでしょうか？」久保が訪ねると中田弁護士は、

「ちょっと待ってください。経営効率化の観点から、海外子会社のバック・オフィス機能は地域統括会社に集約し、そこが提供するのはきわめて一般的です。買手の各国子会社でも同様の体制を敷いているはずです。ですから買収後は、買手のグループ内の同種サービス提供会社

がこの役割を引き継ぎ、売却対象子会社にバック・オフィス機能を提供すればよいだけです。今回のケースの対象会社のみに、買手側がその傘下のグループ会社とは違った体制を作る必要はないため、先方の要求は不当です」と的確なアドバイスをくれた。

「なるほど、確かに中田先生のおっしゃるとおりです。早速先方にそのように返答します」

会議を終えた久保は、すぐに買手側と交渉し、買手側も受け入れてくれたが、その代わりにある要求が出た。

「中田先生のご説明を伝えましたところ、先方も納得して要求を取り下げました。ただ、新たな要求が出てきました。クロージングを機に買手グループ内でバック・オフィス機能をシームレスに引き継ぐのは難しいため、TSA（移行期間中のサービス提供に関する契約）を締結し、クロージングから6カ月間は売手側がサービスを継続してほしいというのです。このような要求は一般的なのでしょうか？」

「ケース・バイ・ケースですが、確かにクロージング後に、買手側の当該部署が直ちに引き継ぎを行うのは難しい場合があり、しばらくの間サービスを継続してほしいという希望が出ることはしばしばあります。ただ、6カ月というのは少し長すぎます。3カ月で押し返したらいかがでしょうか？」

「サービスは無償で提供することになりますか？」

「買手との交渉マターですが、実費ベースでのコスト程度は請求してもおかしくはないと思います。ただ、3カ月という短期間であれば無償とする場合もあると思います」

結局、TSAを締結して、3カ月間無償でバック・オフィス機能の提供を継続するという線で交渉は妥結した。久保は満足し、早くも散り始めた桜を眺めるのであった。

解説	A：海外 M&A 案件のアドバイスに経験豊富な中田弁護士 B：大手メーカーの海外 M&A 案件担当部署の中堅社員

■冒頭ストーリーについて

A：本件は、正当な理由がないことがすぐに分かりそうなもので
すが、欧米の会社の場合、M&A案件担当者が現場のオペレーショ
ンから離れて理屈の上でだけ考えて交渉してくることが多いよ
うに思います。案件担当者がM&Aの専門チームに所属していて、
現場の事業部門のことをよく知らないことが理由のようです。こ
の種の問題は、頭の中だけでなく、実際のオペレーションに置き
換えて考えることが大切です。

■TSA（transitional service agreement）

B：売却対象会社がスタンドアローンでない場合には、どうした
らよいのでしょうか？
A：買手グループが対象会社に同様のサービスを提供できるよ
うになるまでの移行期間のため、売手との間でTSAを締結して、
それに基づいて暫定的に売手がサービス提供を継続することが考
えられます。
B：TSAでは、具体的にはどのようなサービスが対象になります
か？
A：会計経理・法務コンプライアンス・人事管理などが典型的で
すが、対象会社の状況により、暫定的なオフィス・スペースの共

同使用継続、ITシステムの利用継続、商号・商標の継続使用など
が対象になることもあります。

B：TSAによる暫定的なサービス継続は、どれくらいの期間が一
般的でしょうか？　また、有償・無償のいずれが一般的でしょう
か？

A：3カ月から6カ月くらいが一般的です。短期間であれば無償
で提供することも多いようですが、コストをカバーする程度の対
価を支払ってもらうこともあります。

TSAとは

TSA（transitional service agreement）は、「移行期間中のサー
ビス提供に関する契約」という意味で、売手が対象会社に対し
てこれまで行ってきた業務サービスを移行期間に一時的に継続
提供を受けるための契約。売却に当たっての契約書パッケージ
の中でも、株式売買契約と並んで重要な契約となる。

〈TSAの対象となることが多い領域〉

経理会計、法務コンプライアンス、人事などのバックオフィス業務
ITシステム
商標・サービスマーク・ブランド
特許・ノウハウ
仕入れ・調達
出向者による技能・マンパワー
許認可
ファイナンス（キャッシュマネジメント・サービスなど）

■CMS（cash management system）

A：これに対し、CMS（キャッシュ・マネジメント・システム）に関してはクロージングの時点で脱退することがほとんどです。資金に関しては色がなく、売手が提供を継続すべき理由がないからです。クロージングの時点での買手側のCMSその他ファイナンス・スキームへのシームレスな移行のため、アクションプランの注意深い日程計画と準備が必要です。

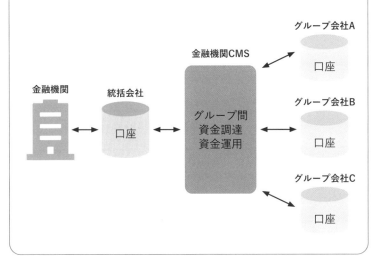

キャッシュ・マネジメント・システムの仕組みのイメージ図

CMSとは、(cash management system）は、企業グループ内の資金を、本社と子会社を含めて、同じ銀行内に口座を作り、親会社口座に集めるなどして、資金を一元管理するシステムのこと。資金管理を一元化して集中化させることによって、資金運用が効率的になりスムーズになる。

グループ会社A　口座
金融機関CMS
金融機関　統括会社　口座
グループ間
資金調達
資金運用
グループ会社B　口座
グループ会社C　口座

■売手と対象会社との内部取引の整理・解消

B：そもそも海外事業グループ会社を売却する際は、あらかじめ売手グループにオペレーションを依存しないスタンドアローンな会社にしておくべきでしょうか？

A：一般的に、経営効率の観点から売手グループに一部オペレーションを依存するのは自然で、売却対象の会社が売手グループから完全に独立した会社であることは、ほとんどありません。売却の準備として、わざわざコストをかけてスタンドアローンな体制にする必要はないでしょう。また、買手候補が現れた後に売却対象会社をスタンドアローンにするための手当てをするのは、「統合の準備行為」ではなく「統合の実行行為への着手」とされて、ガン・ジャンピング規制（※詳細は秘訣9を参照）違反を指摘されるリスクがありますので注意が必要です。

B：ファンドが買手の場合は特に、対象会社をスタンドアローンな状態にするためのコストはいくらと見積もられ、その分は対象会社の買収価格から差し引かれるべきだと交渉されることが多いような気がします。

A：売手に依存しているファンクションが何かにもよりますが、買手がファンドで、傘下の各ポートフォリオ会社が完全に独立した経営管理をしている場合には、そのような要求に合理性があり、受け入れざるを得ないこともありそうです。しかし、買手が事業会社の場合には、バック・オフィス機能などに関しては、その傘下のグループ会社でも同様の経営管理をしているはずですので、今回の対象会社についてのみ異なる特別な経営管理をする理由はないと言える場面が多いようです。

■売手が対象会社の主要顧客である場合の発注コミットメント

A：しばしば遭遇するのが、売手が売却対象グループ会社の主要顧客である場合の発注コミットメントの問題です。これは微妙な問題で、対象会社の企業価値は、対売手との取引による利益を含めて算定されていますので、買手は当然のこととして、継続的な発注コミットメントを求めてきます。これに対し、売手側は、対象会社のサービス・商品の品質と価格が売却前と同レベルである保証がないことを理由に拒否することが多いため、いつも厳しい交渉になるのがポイントです。

B：折り合える線はあるのでしょうか？

A：売却後の対象会社のサービス・商品の品質が従前と同レベル以上であり、かつ価格が競合他社の価格と同程度以下であることを条件として、2 〜 3年の継続発注義務を規定する例は見られます。

B：売手側の立場からすると、売手が顧客から外れることによって売却対象グループ会社のキャパが空くので、その分他の顧客に対して製品・サービスを供給できるじゃないかと言いたいところです。その場合、同一グループ内への優遇価格から対顧客への標準価格に変わりますので、売り上げと営業利益は更に増えるはずです。

A：確かに、対象会社ビジネスの市場で、需要が供給を上回っている場合には、そのとおりです。

【スタンドアローン】

会社が他の会社からのサービス提供やサポートに依存せず、独立した事業運営体制であること。

【TSA】

transitional service agreementの略。会社の売却に当たり、対象会社のスムーズでシームレスなオペレーションの引き継ぎのため、クロージング後に一定期間、売手から対象会社への一定のサービス提供継続を規定する売手・買手間の契約のこと。

【CMS】

cash management systemの略。企業グループ内の資金を、親会社口座に集めてプールするなど、一元管理するシステムのこと。日本では都市銀行が顧客のために提供している。

—— NAKATA の COLUMN ——

契約書交渉 3
交渉に際しての国民性の違い

　海外M&A案件の契約書交渉は、そもそも妥結が難しい売手と買手の利害対立の中で、両当事者が交渉をまとめるべくあらゆる努力と工夫を重ねますので、期せずして国民性の違いが顕著に表れる場になります。ここでは、私がさまざまな国の人々との契約書交渉に参加して感じた、交渉スタイルの違いをお話しします。

　まず、アメリカ人は、自己主張が強く、自分の主張が正しいと信じて、ときには失礼なことを言ってでも、相手方を論破しようと努力します。同じ調子でこちらがきり返すと、双方が感情的になり、意味のない言い争いになってしまいがちなので、客観的な事実や数字を根拠にして正面から反論していく必要があります。しかし、アメリカ人の美点は、一旦交渉がまとまるとゲームオーバーとなり、それまでのことは一切を水に流して笑顔で握手となります。実は最も交渉しやすい相手方かもしれません。

　イタリア人を典型にラテン系の国の人たちは、交渉の場でうまくいかないと、怒ったり泣いたりしますが、それは交渉のための演技でしかなく、実はその裏では一貫して冷静です。交渉テクニックとして感情的になっているように見せているだけで、感情に流されてビジネス交渉の筋を取り違えることはなく、満足いく線で交渉がまとまるとけろっと笑顔になります。

　イギリス人は、心配性であれこれと考え込み、ありえないことまで想定して心配し、悩んでしまう印象です。静かに当方の話を聞き、よく考えながら冷静に交渉を続けますので、一見話しやすい印象ですが、交渉の場でのことはいつまでも根に持っていることが多いので、交渉後の友好関係を築くためにも調子に乗って不注意な失言をしないよう充分気を付けるべきです。

　ドイツ人は、冷静かつロジカルなイメージなので誤解されがちですが、ゲーテのドイツ文学やマーラーの音楽に見るように、大変エモーショナルな側面もありますので、交渉の場で一旦感情的になると抑えがきかずdeal breakになってしまうことがしばしばあります。アメリカ人と交渉するときのように、遠慮ないストレートな言い方だと交渉

がこじれる原因になるので注意が必要です。距離を置いた交渉姿勢を継続して、敬意を払って上手にコミュニケーションすべきです。また、ロジカルな半面、日本人やラテン系の国の人たちほどは頭の回転が速くなく、順を追って一つ一つ考えていきますので、コミュニケーションに時間がかかります。深夜になったり、フライトの時間が迫ったりすると日本人はイライラしがちですが、辛抱強く対応すべきです。

中国人の交渉のしたたかさはよく知られるところで、M&Aの弁護士の間でよく言われる「契約が締結された。さあ交渉だ」という中国人に関するジョークがあります。契約書はあくまでも大きな枠組みを決めるものでしかなく、個々の具体的な運用については、契約書とは別に交渉を重ねながら決めるという考え方があるようです。そのため

か、契約書を遵守する意識が低く、加えて中国企業が契約違反をした場合に裁判を起こすにしても、中国では裁判の公正さの確保や執行手続の実効性に関して疑問符がつきますので注意が必要です。

インド人の交渉スタイルは強烈です。相手にとってキャッチできないくらいの高さにボールを投げてみて、「それは無理だよ」と言わせてからぎりぎり届くレベルに新しいボールを投げるハイボールテクニックを使います。相手方がこれではもうブレイクだとwalk awayするのを見て、はじめて譲歩するのです。それを念頭に、交渉には予想以上の時間がかかることを覚悟して日程を組むべきです。インド側の主張を正直に受け止めると、早い段階で案件断念を上司に報告することになり、あとからインド側が大幅譲歩してきても、再度案件に戻ることができなくなってしまいます。また、契約書がほぼ合意された最終段階になって、すでに合意されたはずの論点の蒸し返しも含めて猛烈に交渉してきますので、その点についても最初から覚悟してエネルギーを残しておくべきです。

インドネシア人は、日本人に対してフレンドリーです。しかし、自分たちに都合が悪いことや嫌なことは「ノー」と言わずに当方の主張に黙って頷いていますので、合意したと思って他の論点に移っていくと、最後になって単に当方の主張を主張として聞いただけで、合意したわけではないことが判明しますので、注意が必要です。また、face to faceの交渉を、FAや法律事務所の活用に習熟していないためか、まずはFAだけ、次に法律事務所だけ、最後に当事者だけと3回に分けて設定されてしまうこともしばしばありますので、すべての関係者が一堂に会して一度にまとめてやるよう注意して提案すべきです。

　韓国人は、「ノー」という場合には、なぜかその理由を説明してくれません。そのため、その背後にある懸念点に対するソリューションを提供するなどして説得することができず、またその重要性・優先順位も分かりづらくパッケージ提案も困難で、正直お手上げです。歴史的に交渉の文化がなかったからなのかもしれません。いまだに、昔ながらのアメリカ人のような高圧的な交渉姿勢が効果的だという声も聞きます。

　海外M＆Aの案件を手がける場合、相手の国民性やバック・グラウンドをよく調べて理解し、コミュニケーションの取り方を工夫しながら上手に対応するようにしたいものです。

07 アーンアウト

優れたテクニックながら、うまく機能するのは限定的な場合

売手買手間の価格目線が折り合わない場合の解決策とは？

　大手レストラン・チェーンの執行役員である吉田は、梅雨の湿気がこもる会議室で一人、冷めたコーヒーをすすりながら、現在進行中のシンガポールでのレストラン・チェーンの売却案件について考えていた。シンガポールでの和食ブームを踏まえて出店を重ねたのだが、シンガポールでもコロナ禍による外食産業の不振に見舞われ、先行きが見えないので、経営トップが売却を決断した。幸い、レストラン・チェー

ンを経営している現地資本が和食レストラン・チェーンへの進出に興味を示してくれたのだが、アフターコロナを踏まえて楽観的な見通しを立てる売手側と、コロナ後の先行きをコンサバティブに見て堅い事業計画を見積もる買手との間では、価格目線に大きなギャップがあり、このままでは案件が壊れそうであった。

　午後1時からのミーティングに参加すべく早めに会議室に現れた中田弁護士に対し、吉田は早速悩みをぶつけた。

「中田先生、早めにおいでいただき助かります。確かに当社のアフターコロナの事業計画は若干楽観的なのかもしれません。しかし、対象レストラン・チェーンへの現在までの投下資金は、実費ベースでも提示した程度の売却価格でないと回収できないのです。何かよい説得方法がありますか」

「買手側がこれ以上価格について歩み寄らないのであれば、そろそろブレイク（破談）だと伝えるタイミングだと思いますが」

「社長から早期に売却するよう申し付かっていますので、それはできません。何とか説得できる材料はありませんか？」

「これだけ売手と買手で価格目線が違っていると、説得材料を探すにも限界があります。どうでしょう。アーンアウトの利用はお考えにな

りませんか？」

「アーンアウトは、結局現在の問題を将来に先送りするだけだと聞いています。それに、売手サイドから見ると、買手の下手な経営に対して不満が出がちだとも聞いています」

「吉田さん、売却対象である御社のシンガポールでのレストラン・チェーンは、和食ながらマネジメントはほぼ全員現地人が行っていて、売却後もそのまま対象会社についていくと理解しています。アーンアウト期間中は既存のマネジメント・チームをそのまま維持するという約束を買手から取れれば、御社としても売却後の対象会社の経営について安心できるのではないでしょうか？　しかも、買手は非上場会社ですから、今まで御社が上場会社として経営管理にかけていたコストは、売却後はかからなくなります。対象会社に変な追加コストをつけられないよう契約書で手当てしておけば、いけるのではないでしょうか？　もちろん、御社のアフターコロナの事業契約が楽観的すぎれば、アーンアウトの目標値達成は期待できないのですが」

「それは困ります」

「では、御社が設定した目標値に至らなくても、買手想定の目標値を超えた場合には、一定のパーセンテージでアーンアウトの支払いをするとしては、どうでしょうか？　買手としても、買手側の目標値を超えれば部分的な追加支払いに異存はないでしょうし、御社から見ても公平ではないでしょうか？」

　必ず早期に売却しなければならないというトップマネジメントの決断と、投下資金を少なくともコストベースでは回収したいという事業部側の要請との間で板挟みになっていた吉田は、中田弁護士から納得のいくソリューションを得て、やっと一息つき、入れ直した熱いコーヒーの香りを楽しみながら、窓の外に咲く青いアジサイの花に目を細めるのであった。

■冒頭ストーリーについて

B：マネジメントからいつまでに売却を完了しろと厳命されますと、納得のいく価格をつける買手をほかに探す時間はありません。アーンアウトにするというのは確かに、合理的なソリューションの一つだと思います。

A：アーンアウトがうまく機能する状況は限られています。目の前の案件は本当にアーンアウトの仕組みが公平に機能するのか、その見極めが重要です。

■アーンアウトとは？

B：そもそもアーンアウトとは何なのか、簡単にご説明いただけますか？

A：売手と買手との間で対象会社の価格目線に大きなギャップがあり、折り合うのが難しい場合に、それでも案件をまとめるためのユニークなテクニックです。クロージングの時点では、買手の保守的な見方による目標値をベースに算定された買収価格を支払って対象会社の所有とコントロールを売手から買手に移します。その後のアーンアウト期間の業績から売手の見方が正しかったことが証明された場合、すなわち売手の目標値が達成された場合には、売手の目標値をベースに算定した買収価額との差額を追加的

アーンアウトの仕組みイメージ図

> アーンアウトとは、M&Aにおける対価の事後的な調整方法の一つ。クロージング時における約定対価の支払いにより対象会社は買手の傘下に移るが、その後一定期間内に、対象会社による業績指標の目標達成を条件として買手から売手に追加対価を支払う仕組みをさす。

売却後ある一定の条件を満たすと
あらかじめ決めた対価を得られる

売却時　　　　　　　　　未来のある時点

に買手が売手に支払う仕組みのことです。売手の目標値まで達しない場合でも、買手の目標値を超えた場合には、一定の割合で追加支払いをするという仕組みもしばしば使われています。

■アーンアウトは問題の先延ばし？

B：アーンアウトは問題の先延ばしでしかないという厳しい意見もありますが、先生はどうお考えですか？
A：私は、対象会社のビジネスプランに関する売手買手のいずれ

の見方が正しかったのか、実際の結果を見て決めようというアーンアウトのアイディア自体には合理性があり、優れた仕組みだと考えています。ただ、多くの案件で、売手は、クロージング後の買手の経営が下手だったから、あるいは買手の社内ポリシーにより対象会社に無用な追加コストがかかることになったため、アーンアウトの目標値が達成できなかったなどの不満を持ちがちである点には、充分留意するべきです。

Ｂ：売手は、うかつにアーンアウトに乗ると、結局追加支払いなしの結果に終わる可能性があることを最初から勘案すべきなのですね。

Ａ：例外的に、対象会社の買収後も従前からのマネジメント・チームがそのまま引き継がれるような場合には、売手としてもある程度安心してアーンアウトに乗れるように思います。売手が非上場会社で買手が上場会社の場合には、買収を契機に対象会社についても上場会社スタンダードの管理運営が要請されるので、想定外の追加コストがかかりがちです。しかし、日本企業による多くの売却案件のように、売手が上場会社で買手が非上場会社の場合には、不測の追加コストがつけられることは比較的少ないように思います。

■アーンアウトの期待権の保護

Ｂ：売手のアーンアウトの期待権を守るためには、どうしたらよいのでしょうか？

Ａ：アーンアウト期間中の対象会社の経営について、株式売買契約書で拘束することです。アーンアウトの期待権が害されるリスクがある事項を10〜12くらい列挙して、これらの事項を対象

会社に実行させるには、事前に売手の承諾を得なければならない
と規定します。これに対して買手は、クロージングをもって対象
会社の100%株主になった以上、対象会社の経営の自由を100%
確保したいと反論してきます。

B：そうなった場合は、どのようにバランスを取りますか？

A：交渉マターなので正解はありませんが、アーンアウト期間中、
対象会社において売手の事前承諾なしに実行できない項目につい
て、売手買手間で一つひとつ丁寧に交渉し、合意していく方法が
一般的です。なかなか交渉が難しく、妥結までかなりの時間がか
かることがほとんどです。

B：具体的には、どのような事項が該当するのでしょうか？

A：典型的なのは、対象会社の事業のリストラや事業構造の変
革、事業の一部売却・廃止、多額の設備投資などです。微妙なの
は、他社の買収です。他社の買収についてはこのリストには入れ
ず、アーンアウトの目標値の算定から外すという選択肢も考えら
れます。

B：難しい交渉になるということでしたが、どうしても交渉がま
とまらない場合に、何か良いソリューションはありませんか？

A：私が担当するアーンアウト案件では、リストアップされたあ
る事項について買手は対象会社に実行させたいにもかかわらず、
売手の同意が取れない場合には、まず担当者間で協議して、まと
まらない場合には売手買手のトップマネジメントにエスカレー
ションして協議し、それでもまとまらない場合には、アーンアウ
トの成否判定を前倒しで行い、その時点での中間的な目標値に達
している場合には、アーンアウトによる追加価格をその時点で全
額支払い、その代わりに、買手は対象会社に当該事項の実行をさ
せることができ、以降は買手はそのような制約なしに対象会社を

完全に自由に経営できるようにするという仕組みを提案していま
す。ほとんどの案件で、最終的には相手方もこの提案に同意しま
す。この仕組みを成立させるためには、アーンアウト期間満了時
の目標値だけでなく、アーンアウト期間中の期中の目標値をあら
かじめ設定しておくことが必要です。対象会社のビジネスの実態
を見て、合理的に設定する必要があります。

アーンアウトにおけるメリット・デメリット

〈買手企業〉

メリット	買手のコンサバティブな対象会社の業績予想をベースとして算定した買収価格の支払いで、対象会社を買収できる。
メリット	M&Aにおけるリスクヘッジ。
デメリット	買手側の対象会社経営に対し不満を持った売手から、クレームを提起されるリスクがある。

〈売手企業〉

メリット	譲歩した買収金額で早期の売却を達成しつつも、売手による対象会社の業績予想が正しければ、それをベースとして算定した買収価格との差額を、追加で買手から払ってもらえる。
デメリット	買手側の対象会社経営が下手なために業績目標値に至らないことがある。

案件最終盤で思いがけない
サプライズが起きないよう、
2次ビッドでの数字の確認が必要

ストーリー

縮小均衡だったコロナ時代からの
回復成長期での必要資金？

　電子部品メーカーであるX社では、シンガポールを中心とする
ASEAN地域のグループ会社の一括売却案件を進めていた。オーク
ションを開催し、1次ビッド（入札）で5社を選定。2次ビッドではファ
ンドのP社1社に絞り、独占交渉権は与えずに株式売買契約の交渉を
順調に進めていた。ただ、買手の希望を入れて、2次ビッド通過後に
もコンファーマトリー・デューデリジェンス（確認的なデューデリジェ

ンス）ということで、デューデリジェンスの継続を認めている点のみがイレギュラーであった。そのため、株式売買契約もほぼまとまりつつある段階になっても、ワーキング・キャピタルの適正値（クロージング後にクロージングアカウントに基づいて買収金額を価格調整するための基準）が空欄のまま残っていた。

　厳寒1月半ばの夕刻、売却案件のチームリーダーの取締役山本は、ようやく出てきた買手側のワーキング・キャピタルの適正値に関する考えをFAから伝え聞き、唖然とした。買手側は「対象会社はコロナ時代に縮小均衡を保っていたが、今後コロナ禍からの回復成長期での事業拡大のための必要資金もワーキング・キャピタル適正値に含められるべきだ」と主張しているとのことであった。FAによれば、これは考え方の相違であり、どちらが正しく、どちらが間違いと言える問題ではないとのことであった。

　山本は気を取り直し、早速本案件を担当している中田弁護士とリモート会議を設定した。

「中田先生、買手側から出てきたワーキング・キャピタルの適正値は、現状の実数値の倍を超える金額です。合意した買収金額からその差額を引くと、買収金額は4割近くも減ってしまいます。このことを最初から聞いていたら、2次ビッドでP社を選ぶわけがなく、B社にしていました」

「今からB社に変更して今一度、株式売買契約の交渉を始めますか？」

「それでは、当社の年度末である3月末までにクロージングできなくなってしまいます」

「そもそも2次ビッドの際には、デットライクアイテム（負債類似項目）のリストと金額を反映した買収価格、それにワーキング・キャピタルの適正値の提示を受けて買手の最終候補を選考したのでは？」

「それが、P社から財務に関する当社のデータ開示が不充分だったためワーキング・キャピタルの分析が進まなかったと言われまして、それを理由にコンファーマトリー・デューデリジェンスを要望され、認めてしまったという経緯があるのです。ただ、まさかこんな数字が出てくるとは考えてもいませんでした。中田先生、P社の主張は正当なのでしょうか？」

「対象会社グループはコロナ時代に上手に経営されて縮小均衡を保ち、売り上げは減っても経費を抑え、それなりの営業利益を計上し続けていました。そもそもワーキング・キャピタルとは『在庫＋売掛金－買掛金』のことです。事業拡大期には事業拡大に伴ってワーキング・キャピタルも自然に増えていく性格のものですから、事業回復後に期待されるワーキング・キャピタルの数字を適正値とするのはおかしいでしょう。一般論として、事業が急拡大する時期にはワーキング・キャピタルだけでは支出を賄えず、一時的に外部からのキャッシュフローが必要になることがあります。しかし、それとワーキング・キャピタルの適正値とは別の問題で、混同するのは間違いです。ワーキング・

キャピタルのクロージング調整は、基本的には年間のワーキング・キャピタルの変動を踏まえて、その変動の幅の中での適正値を決めるものだと理解しています」

「分かりました。P社を説得しましょう」

　山本は中田弁護士とともにP社と交渉に入り、説得を試みたが、P社にはFAがついていなかったため、正誤の判断ができないまま自社の主張に拘泥し、結局この案件は3月に入りブレイクしてしまった。山本にとっては大変残念な結末ではあったが、オークション運営についての貴重な学びとなり経験となった。

■冒頭ストーリーについて

A：私は、ワーキング・キャピタルはエンタープライズバリュー（企業価値）の前提となるテクニカルな概念として割り切って、「在庫＋売掛金－買掛金」と理解しています。しかし一方で、ワーキング・キャピタルを文字どおり運転資本という意味で理解しようとする人たちがいます。彼らは、会社のビジネスを動かすにはミニマム・キャッシュ（必要最低現預金）が必要だと強く主張して、それもワーキング・キャピタルに加えようとします。

B：どちらが正しいのでしょうか？

A：どちらが正しく、どちらが間違いということはありません。ただ、ミニマム・キャッシュをワーキング・キャピタルに含める場合には、エクイティ・ブリッジ（企業価値からの買収価格の算定）やプライスアジャストメント（価格調整条項）の際に使われるネットデット（＝ 負債－現金のことで、純有利子負債）の計算をする際に、キャッシュからミニマム・キャッシュを引いておかないと、ダブルカウントされてしまうので注意が必要です。しかしながら、問題は、ワーキング・キャピタルを運転資本と理解する人たちは更に進んで、ワーキング・キャピタルについて冒頭ストーリーのような議論をすることがあり、私は、それはおかしいと考えます。

■買収価格のクロージング調整とワーキング・キャピタル

B：買収価格のクロージング調整についてご説明ください。

A：対象会社の買収価格は、DCF（ディスカウント・キャッシュ・フロー）やEBITDA（イービットディーエー）倍率（マルチプル）で算出された対象会社の企業価値からネットデットを差し引き、更に適正ワーキング・キャピタルからの実際のワーキング・キャピタルの差額を±して導き出されます。しかし、対象会社は事業活動を続けているため、クロージング日の実際のネットデットの金額とワーキング・キャピタルの金額は、その予想値そのままではなく実際にはずれが生じます。クロージング日で対象会社のアカウントを締め、同日のネットデットとワーキング・キャピタルの正確な数字を出して予想値との差額をクロージング後に調整することを「買収価格のクロージング調整」と言うのです。ここでいうデット（負債）とは、取引上の債務を含まないフィナンシャルデットのことです。ほかにデットライクアイテムとして、税金の追徴予定額、年金の積立不足、訴訟での敗訴判決で負う支払債務、合弁子会社の他社持分などもデットに含めます。他方、ワーキング・キャピタルは、「在庫＋売掛金－買掛金」のことです。このように、企業価値から買収価格を導き出すプロセスをエクイティ・ブリッジと言います。

エクイティ・ブリッジ（企業価値から買収価格の算出）の算定式

企業価値	－	ネットデット（負債－現金）	＝	買収価格

負債には、デューデリジェンスで発見されたデットライクアイテムを含む

> エクイティ・ブリッジとはDCF方式やEBITDA multiple方式で算出された対象会社の企業価値から買収価格を算定するためのプロセスのこと。

〈デットライクアイテム（負債類似項目）の例〉

連結対象子会社の合弁相手保有の少数株式の価値

税金の追徴額

敗訴判決での支払金額

年金の積み立て不足

その他簿外債務

■CMS（キャッシュ・マネジメント・システム）の 最大借り越し額とワーキング・キャピタル

B：冒頭ストーリー以外に、買収価格のクロージング調整をする際に、ワーキング・キャピタルに関連してサプライズに遭遇したご経験はありますか？

A：対象会社が入っていた売手グループのキャッシュ・マネジメント・システム（以下、CMS）での年間最大借り越し額にその時点でのワーキング・キャピタルの実数値を足したものが適正ワーキング・キャピタルだと主張されて驚いたことがあります。売却によって対象会社がCMSから脱退するため、対象会社がスタンドアローンで操業を続けるために必要なワーキング・キャピタルの適正額は、年間最大借り越し額をその時点のワーキング・キャピタルの実数値に加えたものになるという主張です。しかしながら、売手グループでの資金効率を極大化するために対象会社はCMSに入って、対象会社の月々の必要キャッシュに備えて資金プールして資金を寝かせておかないだけで、対象会社が利益を出して継続経営されていて、CMSがないのであれば、自前の資金プールで対応できているはずの金額です。年間の一時的なCMSでの最大借り越し額を適正ワーキング・キャピタルに含めるのはやはりおかしいと思います。

■対応策について

B：こうしたサプライズを未然に防ぐためにはどうしたらよいでしょうか？

Ａ：冒頭ストーリーでも前述の例でも、買手が主張する適正ワーキング・キャピタルとの差額はいずれも非常に大きな金額になり、案件のブレイクにつながります。このような問題を残さないために、2次ビッドの入札書の中にデットライクアイテムのリストと各金額とともに、必ず適正ワーキング・キャピタルの金額も明示させ、必要に応じてその段階で議論し、解決できない場合には2次ビッドで当該ベンダー（入札者）を落とすべきです。冒頭ストーリーは、売手側の情報開示の遅れによってファイナンス・デューデリジェンスが2次ビッドまでに終わらず、2次ビッドで買手候補を1社に絞った後にもコンファーマトリー・デューデリジェンスをすることを安易に認めてしまったことによる失敗だったと考えられます。

【ネットデット】

net debt ／有利子負債とデットライクアイテムの合計から現金・現金類似物を差し引いたもの。

【DCF】

discounted cash flow method ／の略。企業価値評価のための一般的な手法。企業が生み出す付加価値たる将来のフリーキャッシュフローの予測値を加重平均資本コストで割り戻して合計したものを企業価値とする。デット/キャッシュが0で、適正なワーキング・キャピタルが存在することを前提として算出される。

【EBITDA】

earnings before interest, taxes, depreciation, and amortization ／の略。利払い・税引き・償却前利益のことで、税引き前利益に支払い利息と固定資産の減価償却費を加えたもの

【EBITDA 倍率】

EBITDA multiple ／イービットディーエーマルチプルの略。企業価値評価のためのDCFと並ぶ一般的手法。同一国の同一業種の類似企業の各々のEBITDAに対する株価の倍率の平均をmultipleとして、対象会社のEBITDAにmultipleをかけたものを企業価値とする。デット/キャッシュが0で、適正なワーキング・キャピタルが存在することを前提として算出される。

【フリーキャッシュフロー】

営業活動によるキャッシュフローから投資活動によるキャッシュフローを除いたもので、「税引き後の利益＋減価償却費−運転資金の増加分−設備投資額」のこと。

【加重平均資本コスト】

WACC（ワック、Weighted average cost of capital）の略。株主資本コストと有利子負債コストの加重平均。

NAKATA の COLUMN

契約書交渉 4
リモート交渉と現地交渉の違い

　かつて日本企業による海外M&A案件では、契約書交渉の最終ス
テージで案件担当チームと私たち弁護士が相手国へ赴き、当方の提携
先の海外の現地法律事務所とともに、相手方とその法律事務所相手に
会議室にこもって契約書交渉してまとめるのが一般的な進め方でした。
しかしながら、新型コロナウイルスの蔓延により2020年以降は、各
国の渡航規制などにより国境をまたいだ現地交渉が難しくなりまし
たし、　リモート会議のツールが普及したこともあり、契約書交渉は、
これまでの対面交渉はなくなり、もっぱらリモート会議で行われるの
が通常になりました。これはクロスボーダー案件を進めるのに大変便
利な半面、リモート会議での契約書交渉は、交渉がエンドレスに続く
傾向があり、一長一短でした。コロナ禍の当時は、リモート会議用の
テクノロジーの発展と普及によって、海外M&A案件の進め方の実務
も不可逆的に変わったと信じられ、アフターコロナになっても、再び
対面交渉を軸とする進め方には戻らないと考えられていました。

　ところが、2023年になり世界中で一斉にコロナが明けると、予想
に反して、契約書交渉をするから現地に来てほしいと海外の相手方か
ら要求されることが急激に増えて驚きました。案件担当チームがわざ
わざ日本から現地へ赴き、相手方と一堂に会して、契約書交渉を進め
ることによって、その場で何とか交渉をまとめようとする配慮が双方
に働き、結果として短期間で効率的に契約書がまとまる傾向があるこ

とについて、海外の相手方も共通認識を持っているようです。

　それに加えて、実は現地交渉には大きなメリットがあります。それは、相手方チームと交渉の合間に雑談ができることです。何気ない雑談の中で、重要交渉マターに関する相手方の重要度と優先順位をうかがい知ることができ、それによってパッケージ提案を作ることが可能になり、一気に交渉をまとめる道が開かれます。

　このような契約交渉の場以外での雑談はやめて、相手方には当方の交渉マターに関する重要度と優先順位を一切知られるべきではないという考え方もありますが、NAKATAのCOLUMN「契約書交渉1／交渉に成功するための秘訣」（P17）で説明したとおり、M&Aでの契約書交渉は、全面勝利を目指すのではなく、双方にとって満足いく線を見つけ、そこへ相手方をうまく誘導するのがベストだと考えられますので、交渉マターに関する当方の重要度と優先順位を相手方に知られるのもあながち悪いことばかりではないと考えられます。

　今後は、リモート会議と現地交渉のプロコンをよく理解した上で、案件とタイミングごとに、適切に使い分けることが重要になるように思われます。

09

カーブアウト案件の取引スキーム

取引スキームの一工夫で、複雑なカーブアウト案件も簡潔に

ストーリー

カーブアウト案件とは？

　今年最後の酉の市が迫る11月末、木枯らしが吹きすさぶ寒天を窓から見上げながら、食品メーカー R社の法務部長の上川は、進行中の特定ビジネスに関する海外のグループ会社の一括売却案件についてあれこれ考えていた。R社では、かねて低収益事業のカテゴリーに分類されていた家庭用果実飲料事業のグローバルでのカーブアウト売却を進めていた。カーブアウト案件に習熟した中田弁護士はR社に、世界10

　数ヶ国に広がる同事業担当子会社グループを、その中心拠点があるアメリカに新設する子会社に移してその傘下とした上で、新設子会社の株式譲渡をするというスキームを提案。現在はこのスキームを買手であるアメリカ系のファンドK社に提示し、交渉を進めている。上川は、関係各国での法律事務所の関与とその弁護士費用を大幅に削減できるこのスキームを大変気にいっていた。

　ただ、持株会社新設のタイミング、そしてその会社への関連子会社グループの株式譲渡のタイミングについて、R社の法務部と経営企画部・事業部との間で意見が分かれていることが当面の懸案だった。法務部は、株式売買契約書を締結したらできる限り早くクローズしたいという買手K社の希望を踏まえて、株式売買契約書締結に先立って持株会社を新設し、そこに関連子会社グループを移しておきたいと考えている。それに対して経営企画部は、K社との株式売買契約の締結には取締役会の承認が必要であり、その承認なしにそれを前提として動き始めることはできないと反対している。また事業部も、K社への売却が正式かつ最終的に決まるより前に組織再編を進めることについて抵抗感を示していた。上川は、社内を説得するために知恵を借りよう

と、中田弁護士へ電話し、状況を伝えた。

「上川部長、株式売買契約書締結前に持株会社の新設やinternal reorganization（社内再編）をすることは、競争法上の ガン・ジャンピング規制 違反とされるリスクがあり避けるべきだとお話ししたはずです。関係各国で競争当局への merger control filing（日本でいうところの公正取引委員会への企業結合届出のこと）が必要になる場合、その filing（届出）と clearance（独禁当局から問題ない旨の確認が取れるか、問題を指摘されずに待機期間が経過すること）取得の前には、統合の準備行為まではできても、統合の実行行為への着手はできません。この点、各国の競争法の専門家は、持株会社の新設や internal reorganization は、その実行行為の着手に当たる可能性があるとしています」

「そのことは以前伺いました。しかし本件とは直接の関係なく新会社を設立して、売却の成否とは関係なく internal reorganization を進めるという経営判断があれば、競争法の問題はないのでは？」

「確かに理論的にはそのとおりで、ガン・ジャンピング規制違反にはならないかもしれません。しかし結果的にK社に売却されると、競争当局はガン・ジャンピング規制違反を疑い、ガン・ジャンピング規制の潜脱として対応する可能性があるため、嫌疑を明白に覆すことができるだけの確固とした証拠を残しておく必要があります。この点は最終的に、競争当局や裁判所が是非を認定することになりますので、競争法専門の弁護士は、常に実務上そのようなリスクは避けるようアドバイスします」

　中田弁護士からの明確な説明を聞いて上川は納得した。翻って考えてみると、今後も今回のような売却案件が繰り返し発生する可能性がある。そのことを想定して、日頃からグループ内の組織体系を見直し、あらかじめ整理再編しておくことが必要有益だと思い至るのであった。

解説	A：海外 M&A 案件のアドバイスに経験豊富な中田弁護士 B：大手メーカーの海外 M&A 案件担当部署の中堅社員

■冒頭ストーリーについて

A：買手との合意によるものではなく、売手の責任と判断によって一方的に進められる売却用持株会社の新設や売手内部でのinternal reorganizationがガン・ジャンピング規制に抵触するので許されないというのは、私も含めて多くのM&A案件実務家にとって正直違和感があるところだと思います。しかし実際に競争法専門の弁護士に相談すると、しばしば、ガン・ジャンピング規制に抵触するリスクがあるので、着手すべきではないというアドバイスが返ってきます。このような状況下であえてリスクを負って強行すべきではありません。仮に冒頭ストーリーのように、新たな事業組織体制を作り上げることが進行中の売却案件のためではなく、別の経営目的のためだと明確に理由をつけたとしても、結果として売却案件が進行し、新体制がそのために利用されてしまうと、規制を潜脱したのではという当局の見方を覆すのが実務上大変困難です。

■カーブアウト案件とは？

B：カーブアウト案件という言葉をしばしば聞くようになりましたが、どういう意味ですか？
A：特に決まった定義があるわけでないのですが、一般的には、

複数の国にわたる特定事業のグループ会社を一括して売却する案件を意味するものとして使用されています。本書籍で「対象事業グループ会社の一括売却」と言っているものがカーブアウト案件です。

■取引スキームの工夫

A：カーブアウト案件の基本形は、各国に広がる対象事業グループ会社の一つひとつを売手グループ会社から買手グループ会社へ同時に並行して売却するスキームとなります。しかしその場合、売手買手の各国法律事務所が、準拠法や当事者や内容が異なるSPA（株式譲渡契約書）交渉を並行して進めることになり、手間もコストも大変大きなものになります。そこで、その大きな手間とコストを大幅に節約するために、①売手が新会社を新設して対象事業グループ会社の持株会社とし、②対象事業グループ会社の株式を新設持株会社に譲渡し、持株会社の傘下として（これをinternal reorganizationと言います）、③この新設持株会社の株式を売手から買手に譲渡する契約に、売手の表明保証その他買手に対する売手の責任を集約して規定する、というテクニックが一部で使われています。その際②のinternal reorganizationに関する契約書は典型的な内容の標準的なものにして、国ごとの違いを最小限にするとともに、そこでの売手による表明保証やコベナンツ（誓約事項）に関する売手の責任規定を最小にして、もっぱらメインのSPAでの売手の買手に対する責任に集約します。それによって、クロージング後に何か問題が発生した場合には、買手・売手の両グループのトップ同士で持株会社の株式に関するSPAにしたがって協議することができますので、関係各国の子会社間

でバラバラと協議するのに比べ、大変便利で効率的です。

B：持株会社はどこの国に設立されるのでしょうか？

A：対象事業グループ会社の事業の中心となっている国です。また、internal reorganizationや持株会社株式譲渡時に、一般的なキャピタルゲイン（売却差益）課税のほかにはイレギュラーな課税がなく、売手が当該案件でメインの法律事務所として使いたい法律事務所がある国が選ばれます。

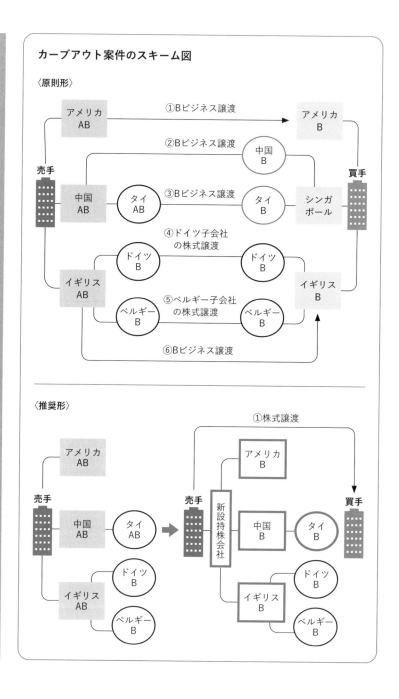

カーブアウト案件のスキーム図

〈原則形〉

①Bビジネス譲渡
アメリカ AB → アメリカ B
売手
②Bビジネス譲渡 中国 B
中国 AB ─ タイ AB ③Bビジネス譲渡 タイ B シンガポール
買手
④ドイツ子会社の株式譲渡 ドイツ B → ドイツ B
イギリス AB ベルギー B ⑤ベルギー子会社の株式譲渡 ベルギー B イギリス B
⑥Bビジネス譲渡

〈推奨形〉

①株式譲渡
アメリカ AB
売手
アメリカ B
中国 AB ─ タイ AB → 売手 新設持株会社 中国 B ─ タイ B 買手
ドイツ B
イギリス AB ベルギー B イギリス B ─ ドイツ B
ベルギー B

■internal reorganizationについて

A：前述のスキームをとる場合、事前に確認すべきことがいくつかあります。まず、internal reorganizationは基本的には売手グループ内部の話になりますが、買手側にも利害関係がありますので、買手側にも特段のコメントがないことを確認する必要があります。また、internal reorganization実行のタイミングについて、後述の競争法上のガン・ジャンピング規制によるリスクのほか、特定の買手との間で取引実行が確実になってからでないと対象グループ会社の事業組織体制の現状変更をしたくないという売手側の経営上の要請もあります。それに加え、売手のガバナンスの観点から、案件全般（要は売手と買手間の新設持株会社の株式譲渡契約の締結）について取締役会の承認を経てからでないと、internal reorganizationに着手すべきではないという考え方もあり得ます。

■実行のタイミング上の注意

B：仮に、そのようなビジネス上の抵抗感やガバナンスの考え方があったとしても、それは絶対的な要請ではないでしょう。案件効率のためには、中田先生がご提案くださったスキームの①と②は、③の前にあらかじめ完了しておくべきかと思いますが？

A：ところが、冒頭ストーリーでも出てきますが、買手と対象会社がマーケットで競争関係にある場合、競争法上のガン・ジャンピング規制により、必要なmerger control filingをしてそのクリアランスを得るまでは、統合に向けた「準備行為」はできても「実

行行為」には着手できません。各国の競争法の専門弁護士は、しばしば①②は統合の実行行為に該当するリスクがあると指摘しますので、その着手はmerger control filingのクリアランスまで待つべきことになります。そのため、残念ながら、おっしゃるような工夫によってクロージングのタイミングを早めることはできず、新設持株会社に関するメインの株式譲渡契約の締結後に実行することになり、それなりの期間を要することになります。

B：そこを何とか、より短期間で実行するための工夫はないのでしょうか？

A：ティーザー（売却対象企業を匿名とし、その概要を対象企業が特定されないようにまとめた資料。買手候補会社に初期に提示される）に応じてオークションへの参加希望を表明するなどして、買手候補会社が現れるより前には、買手がどちらになるのか、買手と対象会社が競争関係にあるか否かは未定ですので、その時点で①②を実行しても理論上は、およそガン・ジャンピング規制違反が問われることはないはずです。ただ、客観的に見て、競争関係にある会社が買手としてオークションに参加することが明らかに予想される場合には、ガン・ジャンピング規制の潜脱と指摘される可能性がありますので、あらかじめ関連各国の競争法の専門弁護士に確認すべきです。

【ガン・ジャンピング規制】

会社の売却・買収案件において、必要とされる関係各国でのmerger control filing（日本でいうところの独占禁止法上の企業結合届出のこと）とそのクリアランス（独禁当局からの問題ない旨の確認か、問題指摘なしに待機期間を経ること）前には、統合に向けた準備行為はできるが、統合に向けた実行行為への着手はできないという規制のこと。

【SPA】

stock purchase agreementの略。株式譲渡契約書を意味する。英語で「stock（株式）purchase（購入の）agreement（合意）」の頭文字を取り、SPAと呼ぶ。M&Aの交渉を踏まえて、株式譲渡のための最終的な条件や内容を明記する契約書。

10

個人オーナーの保有会社売却は
終着点ではなく、
ステップアップのための通過点

企業も学ぶべき
発想とスキーム

競業禁止規定には要注意

　ようやく冬の寒さも緩み、かすかに春の気配が感じられ始めた2月末、素材製造・販売メーカーS社は、ビル建材用の素材αの事業に従事するイギリスの子会社T社と、グローバルに広がるその傘下のグループ会社の一括売却案件を進めていた。S社法務部長の和田倉は、契約交渉の順調な進展を受けてSPA（株式譲渡契約書）のセミ・ファイナル版に目を通していた。SPAの最後の方に記載された競業禁止

　規定に関して、本案件のS社側リーガルカウンセル（法律顧問）の中田弁護士が「期間は3年ですし、スタンダードな規定ではありますが、この業界の技術革新の動向や貴社の今後の戦略に鑑みて、競業禁止の例外規定は必要がないか、今一度ご確認ください」とコメントしているのに目が留まった。しかしながら、この点に関しては一貫して、事業部からも担当執行役の山中からも特段のコメントが出ていない。和田倉は、このことを自分の中で再確認した程度で、買手側が提案したスタンダードな競業禁止規定をそのまま受諾し、3月に契約締結に至り、4月にクローズした。

　6月になり、株主総会の準備に追われていた和田倉は、執行役の山中に呼び出された。

「M&Aのアドバイザー会社のG社から、大変面白い買収案件が持ち込まれた。以前、うちのグループ会社で製造販売していた建材用素材aとは全く異なる発想と技術で、はるかに安価で耐久性のある素材を製造するアメリカの会社W社の買収だ。ただ、ちょっと気になるの

が、2カ月前に売却したT社グループのSPAにあった競業禁止規定だが、それについてはどう考える？」

「山中さん、その競業禁止規定は『テリトリー内での建材用素材 α 、もしくはその競合品の製造販売を3年間禁止する』というスタンダードなもので、発想や製造技術の違いによる例外は特に設けませんでした。したがって、同案件のクロージング日から3年間、当社はW社を買収することができません」

「和田倉君、これは当社にとってきわめて重大な制約じゃないか？T社の株式売買契約の交渉時になぜこの問題を指摘しなかったのだ？」

「建材用素材 α は製造コストが高いわりに耐久性もないということで、ビジネスとして将来性が乏しく、その領域からグローバルで撤退するというお話でしたので…」

「何を言っている。W社の製品のようにはるかに安価で耐久性に優れた素材さえあれば、このビジネスの将来性はバラ色じゃないか」

　和田倉は、なぜあのときに中田弁護士のコメントに従い、この業界の技術革新の動向や当社の今後の戦略を鑑みて、競業禁止の例外を設ける必要の有無について、あらためて事業部や山中執行役に確認しなかったのか、今更ながら悔やんだ。すっかり回復したはずの胃潰瘍が再発したのか、和田倉の胃はキリキリと痛むのであった。

解説	A：海外 M&A 案件のアドバイスに経験豊富な中田弁護士
	B：大手メーカーの海外 M&A 案件担当部署の中堅社員

■冒頭ストーリーについて

A：私は売却案件に際して、競業禁止規定の限定の要否・範囲について、最も神経を使って依頼者である売手に確認しています。近年はビジネスの栄枯盛衰が激しく、インターネットやシステムを活用した新しいビジネスモデルが次々に登場する時代です。従来の伝統的なビジネスモデルから見ると、もはや将来性がないと見切りをつけられたビジネスが、発想を変えてネットやシステムを活用し、うって変わって成長性の高い有望なビジネスに変貌する例は、枚挙にいとまがありません。売手には、そんな事例や可能性を見逃さないよう、細心の注意を払って再検討してほしいのです。

B：冒頭ストーリーのように、画期的な新技術の登場によって、下降線をたどっていた事業が一挙に成長産業になる例もビジネスの世界では少なからず見られます。

A：売却案件を担当していると、売却という設定目標が明確であるため、売手会社の担当者は、ついつい近視眼的な見方になりがちです。しかし、当該案件を離れてマーケットの動向や新技術など当該ビジネス全般について広い視野から情報収集し見直してみることが必要不可欠です。この点については、売却案件を進める個人オーナーの方々は、ぬかりなく目配りをして的確に対応することが多いように感じています。

■大手企業も学ぶべき個人オーナーによる売却の発想

B：その個人オーナーによる事業グループ会社の売却についてお話しいただけますか？

A：まず、本書で想定している日本企業による海外事業グループ会社の売却には、①戦略の転換、②選択と集中、③新規事業会社買収のための資金作り、④低収益事業の処分、⑤決算対策のための益出しなど、事業上のさまざまな理由がありました。それに対し、売主が個人である場合の売却理由には、後継者不在のための受け皿探しである場合を除いては、保有企業からのイグジットと現金化しかありません。その上で実際の案件を見ますと、多額の売却代金を手にした個人オーナーがそのまま楽隠居する例は珍しく、多くは次の事業に乗り出すためのワンステップという位置づけです。それを人生で幾度となく重ねて、そのたびに時代にマッチしたより大きな事業にステップアップしていくのが一般的です。

B：常に保有会社事業の将来を見据え、ベストなタイミングを見極めて思い切って売却に踏み切り、より有望な事業に乗り換えていくという個人オーナーの姿勢は、私たち企業人にとっても大変よい勉強になります。

A：貴社のような大企業の場合には、常に事業ポートフォリオを見直す必要がありますが、それを個人オーナーのようにいかに自分ごととして切実に検討し、実行できるかが課題だと思います。

■個人オーナーのセカンドオプション

A：事業を売却した個人オーナーが新事業に乗り出さず、売却対

象会社の経営を継続することもあります。その中で私がアドバイスした面白い事例を2つほどご紹介します。

B：ぜひお聞かせください。

A：1つ目の案件では、私は売手のアメリカ人個人オーナー側の弁護士でした。オーナーが保有するアメリカの大きな非上場会社を日本の小さい上場会社に売却し、莫大な売却代金を手にしました。その上で、その受取代金の10〜20％程度を使い、新株引受の形で40％近い株式を取得して買手企業の最大株主になり、同時に同社のアメリカ事業担当の取締役に就任しました。実は、買手上場会社は多額の買収資金を銀行借入によって賄っていたのですが、これによって買収資金の一部の還流を受け、銀行借入を一部返済し、その負担を軽減することができました。このスキームの要点は、法律上は本来できないアメリカの会社と日本の会社との間で国境をまたいだ合併と似たような状況を作ることにあります。これによって、買手の日本企業の業績は飛躍的に向上し、証券市場での株価は大幅に値上がりしました。また、それを受けてアメリカの個人オーナーは保有株式のほんの一部を証券市場で売却することによって、最大株主のポジションは守りつつ、出資額をすべて回収することができました。

B：すごいスキームですね。売手買手ともに大きなメリットを享受できたという点がすばらしいと思います。

A：2つ目の案件では、私は日本人の個人オーナーの弁護士として、アメリカのファンドに日本の非上場会社を売却する案件を手がけました。ファンドは銀行借入を利用してレバレッジをかけてLBO（レバレッジド・バイアウト）で対象会社を買収し、日本人個人オーナーに100％の買収価格を支払いました。LBOによる多額の銀行借入のため、対象会社の評価額が大幅に下がったこ

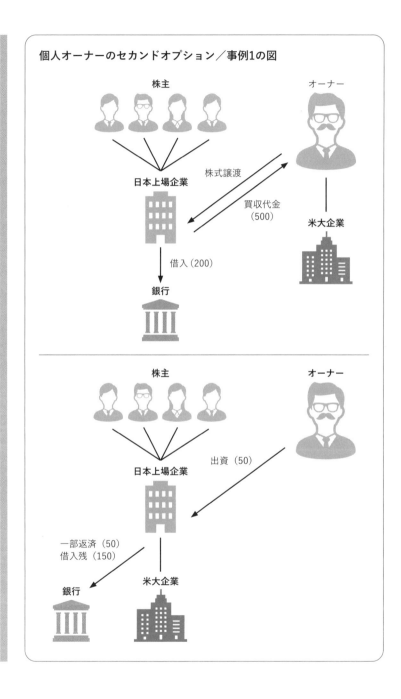

個人オーナーのセカンドオプション／事例1の図

株主　オーナー

日本上場企業

株式譲渡

買収代金
（500）

米大企業

借入（200）

銀行

株主　オーナー

日本上場企業

出資（50）

一部返済（50）
借入残（150）

銀行　米大企業

とを利用して、個人オーナーは売却代金のほんの一部（10％程度）を使って対象会社の50％株主となりました。これはファンドにとって、個人オーナーが引き続き対象会社の経営にコミットするインセンティブを作るというメリットとなります。また、個人オーナーにとってはファンドが今後、対象会社をバリューアップしてイグジットする際、同時に保有株式を売却することによって、再度大きなリターンを享受できるというメリットがあります。

B：これもすごいスキームです。1つ目の事例と同様、売手買手双方に大きなメリットを生むという点に感銘を受けました。いずれも、確かに特殊で限定的な状況下でのスキームかもしれませんが、場合によっては売手が企業であっても利用できる可能性があるように思われます。うまく活用して、売手買手双方にメリットを生む案件につなげたいと思います。

■**競業禁止規定**

A：最後に、冒頭ストーリーに戻り、企業が個人オーナーに見習うべき最重要ポイントとして、競業禁止規定について改めてお話しします。個人オーナーが保有企業を売却する際には、次に始める事業について入念かつ具体的な検討を行い、それを踏まえて、新事業の妨げとなる制約を売却時の競業禁止規定から排除するよう、注意深く例外規定を設定します。これと同様に、企業による子会社売却に際しても、新技術の発展やマーケットの変化によって、将来のビジネス展開に思いがけない制約が生じ悪影響を及ぼすことがないよう充分注意して、競業禁止規定に例外規定を入れておくべきです。

B：確かに、不用意にスタンダードな競業禁止規定を入れたがた

個人オーナーのセカンドオプション／事例2の図

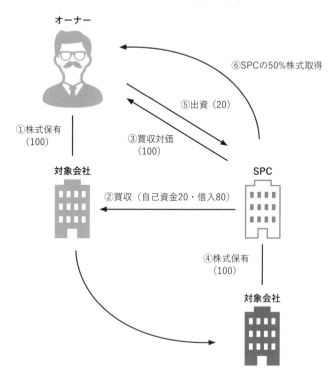

① オーナーは、100の価値の対象会社の全株式を保有。

② SPCが、自己資金20・借入80で対象会社を買収。

③ SPCは、オーナーに買収対価を100支払う。

④ SPCは、対象会社の100％株主になる。

⑤ オーナーは、うち20をSPCに出資。

⑥ SPCは、100の子会社株式を持つも、借入が80あるので、差し引き20の価値。
よってオーナーは、SPCの50％株式取得

めに、新時代に則した魅力的な新技術・新商品や新規のビジネス
モデルを持った同業の会社の買収チャンスを逃すという冒頭の事
例は大失敗です。私の限られた経験でも、売却案件でも買収案件
でも、マーケットにそのM&A案件のニュースが流れると、その
直後に同じ業域での買収案件がM&Aのアドバイザー会社から持
ち込まれるということがけっこう多いように思います。競業禁止
規定について要注意だということがよく分かりました。この点に
ついても、個人オーナーの発想と着眼点を学びたいと思います。

━━━━━ 用語説明 ━━━━━

【レバレッジをかける】

ファンドが100の買収金額の対象
会社を全額払込み出資金（equity）
のみで買収し、3年後に115の価値
になると、（115—100）÷3÷100
＝0.05で年5％の利益率になるのに
対し、100のうち80を銀行借入で
賄い、その残りを出資金で賄うと、
（115—100）÷3÷（100—80）＝0.25
で年25％もの利益率になります。
このように銀行借入等外部からの負
債によって買収資金の一部を賄うこ
とによって大きな利益率を目指すこ
とをレバレッジをかけると言います。

【LBO】

leveraged buy-out／レバレッジ
ド・バイアウトの略。対象会社の買
収資金調達のための銀行借入を、対
象会社の負債として対象会社に負担
させる仕組みのことです。

LBOのイメージ図

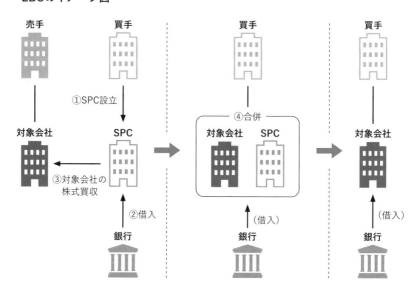

NAKATA の COLUMN

契約書交渉 **5**
現地交渉時のロジの注意

　海外Ｍ＆Ａ案件の現地交渉時の注意点をお話しします。戦いに際して戦闘部隊の陣営を置く場所と、それを支援する兵站の構築・確保がとても重要なように、海外での現地交渉でも、滞在場所や日程調整、移動手段の確保などのロジ（ロジスティックス）が大変重要で、交渉成功の鍵の一つと言っても過言ではありません。

　この観点から、海外での滞在場所として契約書交渉のための拠点となる適切なホテルを確保することがまず重要となります。ラグジュアリー・ホテルである必要はありませんが、交通の便が良く、就寝や仕事に支障のない静かな環境で、深夜早朝でも食事ができ、健康なメンタルを維持できるホテルを選ぶべきです。ロンドンのシティ内のビジネス出張用のホテルですと、窓が全くない行燈部屋もよくありますので、閉所恐怖症の方やストレスがたまりやすい方は避けた方がよいでしょう。滞在ホテルの選択は重要ですので、社内のM&A交渉とは関係ない部署に丸投げするのではなく、交渉場所への交通手段や所要時間を検討し、ホテル内のサービスや周辺環境なども調べて、案件チーム自身で適切なホテルを探すことが重要です。

　インドネシアのジャカルタは、地下鉄などの公共交通機関の未発達もあり、世界の都市の中でも交通渋滞が最も深刻です。唯一の交通手段である車での移動には予想外に時間を要することがしばしばありますので、最初から交渉場所をアクセスの良いホテル内の会議室に指定

して、その同じホテルに宿泊するのがビジネスの常識になっています。交通の利便性や安全性、衛生環境に懸念があるインドの場合においても同様です。また、ロンドンのシティ内の法律事務所を交渉場所として交渉する場合は、市街地の交通渋滞を考えると、交渉場所まで徒歩で移動可能なホテルを宿泊先に選ぶのがおすすめです。

パリ、ミラノ、フランクフルトなど、ヨーロッパの主要都市では、大きな展示会やイベントが年数回ずつ開催されます。現地交渉時期が展示会やイベントの開催時期と重なると、途端に街中のホテルが一杯になり予約が取れなくなるため、契約書の現地交渉のタイミングは、それら展示会やイベントの日程を踏まえて、注意して設定することが重要になります。

えてして契約書交渉は、最終段階になってバタバタと妥結することが多く、最終日はやることが盛りだくさんになりがちです。最終日は、会議室をぎりぎり何時に出なければならないのか、フライトの時間と空港への所要時間をあらかじめ逆算しておくことも重要となりますし、空港への移動のためのタクシーも事前に手配しておくべきです。

第 **2** 章

著者インタビュー

日比谷中田法律事務所
代表パートナー

中田順夫

海外M&Aは
「地域拡大」から
「新技術・
新ビジネスモデルの獲得」へ

本書の著者であり、海外M&A案件を専門とするわが国パイオニアの
日比谷中田法律事務所 代表パートナーの中田順夫氏に、同弁護士が
設立した日比谷中田法律事務所のユニークな存在とサービスを聞き、
一貫して増加が続く海外M&Aに関して、昨今の海外M&Aの新潮流、
カーブアウト案件の増加、コロナ禍の影響、ロシア・ウクライナ情勢
等への対応についてお話を伺った。

1

海外の現地法律事務所に
指示できる立ち位置が強み

——弁護士になられ何年ぐらいになるのでしょうか。

今年（2024年）でちょうど40年目になります。

——ご専門は何ですか。

クロスボーダーM&A、特に「日本企業による海外企業の買収」と「日本企業による海外事業グループ会社のカーブアウト売却」案件です。

——日本の弁護士としては珍しいと思いますが、どのようなきっかけがあったのでしょうか。

英マジックサークル・ファーム（イギリスの5大法律事務所）の一つであるAllen & Overy（アレン・アンド・オーヴェリー）で、私が東京におけるM&A担当パートナーだった頃、ちょうど日本企業に

よる海外企業の買収が本格的に始まったのですが、法律事務所の環境とマーケットの動向がうまくマッチしました。ただ、もともと在籍していた桝田江尻法律事務所（現在の西村あさひ法律事務所）が当時「渉外事務所」と呼ばれるクロスボーダー案件を主にアドバイスするところだったのも、出発点として今の重要なベースになっています。

——日本人の弁護士が海外M&Aでどのような役割を担うのですか。

　私にとって、Allen & Overyのイギリス人パートナーによる海外M&A案件への関与の仕方が参考になりました。「Deal management」と呼ばれるもので、依頼会社の意向を踏まえて、買収に際しての現地lawyerによる現地法の作業を、経験あるM&A専門lawyerの立場から統括管理します。案件全般の司令塔であり、案件全体の潤滑油でもあります。

——より具体的にお話しいただけますか。

　クロスボーダー案件の豊富な知識と経験に基づいて、まずはベストの現地法律事務所と案件スキームを提案します。そして、デューデリジェンス（DD）に際しては、依頼会社の買収目的や重要ポイントを現地チームに伝え、メリハリのあるDDをしてもらうようにします。上がってきたDDレポートをチェックし、不十分あるいは不明確な点を指摘して補充させます。報告されてきた各問題点の重要性を評価して依頼者に説明した上で、必要に応じて対応とソリューションをアドバイスします。

　更に、相手方もしくは現地チームから送られてきた契約書ドラフトについて、要所要所のポイントを依頼者に説明し議論します。ここでのコメントを取りまとめてマークアップの形で契約書に入れて現地チームへ送り、現地交渉やリモート会議で契約書交渉をリードすると

いうのが大まかな流れになります。本書の各ストーリーからもその役割の一端がご理解いただけると思います。

——外資系の法律事務所にいる方が便利なように思われますが、なぜ外資系法律事務所ではなく、ご自分の法律事務所でそのようなアドバイスをされているのでしょうか。

案件の内容や規模に応じて、ベストの現地法律事務所を選べるようにするためです。また、外に出ることによって、現地法律事務所に対して、依頼者の意向を踏まえて遠慮なく指示を出し、交渉できるようにするためでもあります。ともすれば機械的・硬直的に普段やっている自分たちのやり方を押し通そうとする外資系法律事務所のスタイルではなく、依頼者の意向に則して柔軟な対応ができるようになります。

——あらためて日比谷中田法律事務所の特色を教えてください。

「One stop shopping」を目指して規模の拡大を志向する日本の大手法律事務所とはコンセプトが明確に異なります。M&A（JVや資本業務提携を含む）を専門とし、それに特化した専門法律事務所は日本では今なお珍しいと思います。

経験豊富なM&Aに習熟した弁護士が、案件ごとに2〜3人の少人数チームで対応するスタイルを前提としています。現在11人の少数精鋭の事務所で、パートナーとアソシエイトはほぼ1:1の割合になっています。レスポンスが早く、柔軟な対応とクリエイティブなソリューション提供が特色です。

——パートナーとその特色について教えてください。

現在、私を含めて5人のequity partnerがいますが、基本的にM&A案件を専門とし、クロスボーダー案件をアドバイスするという点では

同じです。ただ、その中でもそれぞれプラクティスに特色があり、う
まく補完関係ができています。

　まず私は、日本企業による欧米企業の買収やカーブアウト売却
を多く取り扱っています。水落弁護士はアメリカ大手のBaker &
McKenzie法律事務所の出身ということもあり、外資系企業による日
本企業の買収案件を多くアドバイスします。

　副田弁護士はアンダーソン・毛利・友常法律事務所の出身で、シ
ンガポールのRajah & Tannへの出向経験を生かしてアジア企業の
M&A案件を多くアドバイスしています。また、大和証券への出向経
験を通じて知り合った人たちから持ち込まれるファンドによる国内
M&A案件も多数手掛けています。

　関口弁護士は西村あさひ法律事務所の出身で、国内外のベンチャー
企業への出資案件を多く扱っています。また、保険会社の国内M&A
案件への表明保証保険付保のための審査のサポート業務もしています。

　井上弁護士は長島・大野・常松法律事務所、そしてイギリス系
のFreshfields Bruckhaus Deringerの出身で、国内外のmerger
control filingを専門とし、IT関連企業の案件を多く扱っています。

──アソシエイトの数が限られていますが、足りないということはな
いのでしょうか。

　現在いるEquity partner5人とNon-equity partner1人とアソシエ
イト5人で支障なく案件を進めており、特に不足していません。ただ、
ご依頼いただく案件の増加もあり、この5人と遜色ないレベルであれ
ば、レバレッジ1:2を上限として新たにアソシエイトを採用し増やし
てもいいと考えていますが、なかなかハイレベルな候補者が見つから
ないのが現実です。

——中田先生はキリンホールディングスと日本電気で社外監査役を務められましたが、そのことは本業に役立っているのでしょうか。

　両社とも現社長さんご自身が直接ご担当された海外M&A案件をお手伝いしたのが、そもそものご縁です。日本の上場会社の取締役会でどのように企業戦略が立てられ、どのようにポートフォリオの見直しがされて、どのようにM&A案件の立案・議論がなされるのかを間近で拝見させていただきました。実際に取締役会の議論に参加し、リーディング・カンパニーの経営者の考え方に接することができて、大変いい勉強になりました。

2

昨今の海外M&Aの目的は「新しい技術やビジネスモデルの獲得」

——長年、企業の海外M&Aをサポートされてきましたが、今日に至るまでの動向や変化について簡単に教えてください。

　私が1985年に弁護士登録して3年目に、米シカゴの上場会社の買収案件で先輩弁護士をお手伝いしたのが、私の海外M&A案件デビューでした。ただ、当時は海外企業の買収案件よりも海外での現地企業との合弁案件が多かったと記憶しています。

　80年代後半には、日本経済のバブル成長期の波に乗って、ブリヂストンやソニーに代表されるような日本企業による海外での超大型買収がいくつか見られ、92年以降のバブル崩壊以降も海外M&Aは順調に増え続けました。こうした地域と規模の拡大・成長のための海外M&Aの流れが変わったのが、2010年を過ぎた頃からです。日本の国内マーケットの成長鈍化と将来に絶望して活路を海外に求めようとす

る、いわば生き残りをかけた大型の海外M&A案件が流行となりました。

　これらの海外M&Aは、いずれもビジネスの対象地域の拡大が主な目的でした。同じ事業を展開する海外企業を買収すれば、ビジネスモデルはほぼすべて同じですから、その企業が持っていた海外マーケットをそのまま獲得できるわけです。

　しかし、2015年ぐらいからデジタルビジネスやバイオファーマが急拡大する中、買収の目的がそうした地域の拡大ではなく「新しい技術・新しいビジネスモデルの獲得」に変化し、中でもそれらを有する先進的な欧米の新進企業を買収する案件が増えてきたというのが実感です。例えば、自動車業界ではセンサーや道路情報の集積をベースとする自動運転、またIT業界ではネットやAIを活用したデジタル・ファイナンスやデジタル・ガバメントからAIによる工場やオフィス管理まで、更に製薬の業界では抗体医薬の拡大からメッセンジャー RNAを活用した遺伝子ワクチンまでが、その典型例です。こうした分野で先行技術や新ビジネスモデルを開発・保有している欧米の新進企業を買収することで、自身が持っているネットワークの中で獲得した新技術や新ビジネスモデルを活用した新ビジネスをグローバル展開していこうというのが狙いです。

　すでに出来上がったビジネスの地域拡大を目的とした買収に比べて、金額のサイズ感はずっと小さくなり"お手頃"になりました。そのため、案件の数は大幅に増えましたが、買収後の新ビジネスのグローバル展開こそが、買収案件自体よりもチャレンジングであるというのが特徴だと思います。

──「昔から欧米企業はM&Aに慣れている」とのことですが、日本企業の経営手法や成り立ちなどと何が異なるのでしょうか。

　企業カルチャーの違いだと思います。欧米企業では企業は株主のもので経営者は株主の利益の極大化を求められ、株主から常に厳しく経営成果を問われます。そのため、リスクを取ってでもパフォーマンスを上げようという積極的な経営が定着してきました。

　これに対して、日本の企業経営者は、一昔前までは、株主の目を気にする必要がなかったため、失敗を回避する受け身の経営になっていたと思います。日本では「社員」は株主ではなく、役員を含めた従業員を意味することが象徴的です。投資・投機目的の証券市場での株主ではなく、企業の終身雇用の役員・従業員の利益を考えると、リスクを取らない"現状維持経営"が当面安全であるため、好まれる傾向があります。

――日本企業による買収案件が増えているのは、経営に対する考え方が変わり、経営責任が厳しく問われるようになってきたということでしょうか。

　そのとおりです。日本企業でもリーディング・カンパニーと言われるところでは、常に株主の利益を考え、株主に対する経営責任を意識した経営が行われるようになり、その一環としてM&Aが増加してきています。かつては10 年単位あるいは 20 年単位で時代が変わっていたと思いますが、今は5年単位、更には3年単位で変わりつつあると実感しています。この急速な時代の変化に則してビジネスも急激に変わりますので、その対応のため最近では経営者の責任が一層重くなり株主からのプレッシャーもより高まっているように思われます。

――せっせと内部留保を溜め込むのが、昔からの日本企業の美徳でしたが、もはやそのような経営は許されないということでしょうか?

　上場会社に分散投資しているような海外ファンドから見ると、

キャッシュを溜め込んで使わないでいる日本企業は、効率的な企業経営の観点から許せなくて、成長投資するか配当するよう厳しく要求します。この日本企業の経営は、もちろん欧米流のファイナンス理論では非効率的な経営という評価になってしまいますが、「現在の状況がいつまでも続くわけではなく、銀行は必要な時に限ってお金を貸してくれない」というのは一面の真実で、一概に前近代的な経営として全否定するわけにもいかないように思います。しかしながら、現在のような急激なマーケットの変化の中では、それへの的確な対応のためM&Aを中心に保有する資金をタイムリーかつ有効に使うことがより重要になってきていると思いますし、それをする企業としない企業の間で業績や成長の差が広がると予想されます。

──依頼者はどんな企業ですか。

　海外M&A案件の専門部隊を社内に有し、海外M&A案件を年に何件も進めるような習熟した大企業からリピートでご依頼いただくのが私どもの仕事の中心です。一方、海外M&A案件のご経験がなく、しっかりしたサポート体制を求める中堅企業のご依頼も増えてきています。

　社歴が100年以上あるような企業が初めて海外企業の買収に乗り出す例もありますし、設立10年以内の企業からのご依頼もあります。ネットビジネス、バイオファーマなどの領域の新進企業は思考が柔軟で意思決定が早く、また行動もスピーディーです。「新しい波に乗っていかないと置いていかれる」という危機感から、経営戦略の選択肢の1つとして海外企業の買収を常に念頭に置いています。最近はどの企業でも、買収する際に相手企業のエスタブリッシュメントとしての安定的な地位やネームバリュー、知名度には影響されず、会社や事業の中身を見て自社の成長に資するか否かを判断するスタイルに変わってきています。

　昨今は、地域拡大型M&Aは減り、かつてのような数千億円規模の大型買収は少なくなりました。当事務所にご依頼いただく案件は数十億円規模が増え、高くても300億〜400億円ぐらいの案件が多くなってきています。新技術や新ビジネスモデルの種を有するだけの企業の買収ですから、金額規模としてそれほど大きくはありません。多くの場合には企業の手元資金で十分補えますが、金額が大きくなると一部を銀行借り入れするケースも多くなります。

——海外M&Aの成功率というのはどのぐらいなのでしょうか。何か目安があれば教えてください。

　新技術・新ビジネスモデルの獲得を目的とした買収の場合には、さまざまなトップマネジメントの方たちからお聞きする限り、一般的には10〜30%くらいのようです。

　これに対し、ある大手企業の役員の方は「うちの会社で失敗なんてことは絶対に許されない」とおっしゃったので、同席し議論していた他社のマネジメントともども驚いたことがあります。ただ、聞いてみますと、その会社は単一事業をグローバルで地域拡大していくことが企業成長の要であり、M&Aをする唯一の目的であるため、買収額も巨額となり、絶対に失敗などできないというわけでした。

　何をもって「成功」「失敗」と判断するかですが、それは事業内容やM&Aの目的によって違ってきます。私ども法律事務所の役割は案件のクロージングで終わりになりますが、買収自体は無事クロージングで成功しても、その後の獲得した新技術や新ビジネスモデルのグローバル展開がうまくいかなかったり、期待した自社とのシナジーが生まれなかったりすれば、経営上は「失敗」と判定されることになります。

　ただ、買手にとって成功率10〜30%であれば、投資プロジェクト

としては悪くなく、だからこそこのタイプのM&A案件が継続し増加してきているように考えられます。さほど高額ではない対価で買った新技術や新ビジネスモデルが、それくらいの確率で、グローバルでの大きな新事業に成長・発展するのであれば大成功という評価になるかと思います。

　ちなみに、買手がファンドの場合は、有望そうなスタートアップ企業を見つけて投資をしますが、その企業がまだ発展途上で更に成長が期待できそうな段階で他のファンドに売ってしまうことが多いので、さほどのリスクを負うことなく、それなりの利ざやを確保して成功という評価に持っていくことが可能となります。

3

ここ数年で
カーブアウト案件が急増

――企業買収だけではなく、カーブアウト案件も増えているのですね。

　ここ5、6年の傾向として、日本企業がグローバルで持っている特定事業部門を一括売却するカーブアウト案件が増えてきています。海外企業も熱心にカーブアウト売却しますので、日本企業が売手であることもあれば買手であることもあります。

　日本企業も欧米企業もそうですが、経営陣に対して株主からのプレッシャーが強くなっていることが背景の一つとして考えられます。低成長マーケットでの不採算ビジネスの処分や、企業戦略の転換に応じたポートフォリオの入れ替えなどが理由です。

――本書籍では日本企業による海外グループ会社の一括売却を取り扱っていますが、課題としてはどういった点が挙げられますか。

　日本企業も海外企業の買収には慣れてきましたが、売却の歴史はまだまだ浅くて経験があまりありません。そのため、対象会社マネジメントへのボーナス契約の手当やベンダー・デューデリジェンス（VDD）の実施など、欧米では当たり前のことをしていません。「VDDをすべき」とアドバイスしても、ほとんどの場合で「コストと時間のムダで不要」と拒絶されます。

　その理由ですが、売却案件というといまだに「廃棄物処理」という認識で、「最小の手間とコストでお手軽に済ませるのがベスト」という感覚が残っているからだと思います。「保有している重要ポートフォリオをできるだけ高価で、少しでも責任を引きずらないようにうまく売却する」ためにも、積極的な重要プロジェクトであることを正しく認識しなければなりません。売却成功のために必要かつ有益な手間とコストを惜しむべきではありません。

──今おっしゃったVDDについて、何か留意すべきことはありますか。

　日本企業による海外子会社の売却案件をお手伝いしていて最近気づいたのが、保有している海外企業の業績が順調だと「当該海外企業の管理もうまくできている」という誤解が日本企業の本社にある点です。最近は、海外子会社の経営を現地マネジメントに任せることによって好業績になっていることが多いと思います。これはその半面、日本の本社サイドは現地の現場とは接点がないことを意味しますので、思いがけない"サプライズ"が売却プロセスの中で出てくる可能性も十分あります。なぜ欧米の会社が海外子会社を売却する際に必ずVDDを行うのか、この点からもよく考えるべきです。

　VDDによる発見事項にあらかじめ対応して解消したり、問題点とリスクを売手側の視点とロジックで整理してfact bookの形で開示したりすることによって、買手側の受け止め方が大きく変わるというこ

とも重要なポイントです。繰り返しになりますが、VDDは秩序ある
コントロールされたプロセスの確保と売却の成功のために必要不可欠
だと思います。

——カーブアウト案件において、売却する事業部門の経営陣に対して
その旨を伝えなければなりませんが、その人にしてみれば「会社から見
放された」と思うかもしれません。こういう人たちに対する心情やモチ
ベーション、金銭、雇用などのケアはどういった形でするのでしょうか。

　当該業部門を切り離すことを前提に、そこの経営陣にはマネジメン
ト・プレゼンテーション、DD資料の収集整理やDDでのQ&A対応を
してもらわなければなりません。たとえ欧米人であっても、やはり売
却を告げられるとそれなりのショックを受けますし、動揺しますので
これに対するケアはすごく重要です。

　その部門の経営陣がまず考え気にするポイントは、「現在のこのポ
ジションは売却時点で終わってしまうのか」あるいは「売られた後も
続くのか」ということです。このため案件の進行に応じ加速度的に買
手側にすり寄って雇用継続を働きかけることになりがちです。

　そういうことがないように、高く売れたらその分の特別ボーナスを
支払う仕組みをつくって、最後まで売手側の利益（少しでも高く、最
小の責任で上手に売却）のために働いてもらうべきです。欧米人とい
えども愛着ある会社を離れるのは嫌だとは思いますが、欧米では同業
他社のポジションも豊富にありますので、これもステップアップの
チャンスと前向きに考えてもらうよう仕向けるべきです。買手がファ
ンドや日本企業の場合には、現状のマネジメント体制をできるだけそ
のまま引き継ぎたいという強い希望が出ることもあります。いずれに
しても、案件成功のためには重要なポイントの一つです。

——カーブアウト案件における買手側の目的は何でしょうか。不採算ビジネスや将来性の乏しいビジネスをあえて買収しようとする理由を教えてください。

　現在の企業経営の目標は、かつてのように売り上げの拡大や市場シェアの極大化ではなく、利益率を上げることに変わってきています。その中で、モノを作って売る製造業というのは利益率があまり高くありません。一方で、デジタルの世界でモノを動かすようなビジネスや付加価値の高いサービスを提供するビジネスは利益率が高くなります。一般株主が期待する経営の方向性からは、モノを作るビジネスが割を食う傾向にあります。

　ただ、こうした製造業は人間生活に不可欠で、それを専業にしている2番手3番手の会社は世界にたくさんあります。こうした専業メーカーがM&Aによってカーブアウトされたビジネスを買収し、規模の経済によってコストダウンや経営効率化を図って利益率を高めることができますし、周辺事業のメーカーが買収すれば、垂直統合により思いがけないシナジー効果を発揮できる場合もあります。

——先ほど海外M&Aの成功率についてお聞きしましたが、カーブアウト案件についての成功率はいかがですか。

　カーブアウト案件の売手側にとっては、自分たちが納得した金額と責任条件でしか売却しませんので、成功も失敗もありません。納得した金額と責任で売っておしまいです。ただ、しいて言えば、売却の結果、買手に対し想定外の責任を負うことになるのが失敗ということになるかと思います。そうならないように、VDDを実施したり表明保証保険を利用するなどしてリスクヘッジを図ることが重要です。

4

世界情勢・環境の
急激な変化にどう対応するのか

――コロナ禍における海外M&Aは、交渉も含めて大変だったのでは
ないですか。

　コロナ禍の期間中に日本企業に対してアドバイスしていた海外
M&A案件の例ですが、「対象会社のCEOにface to faceで一度も会わ
ず、対象会社の工場や本社を一度も現地視察せずに買収するのは無謀
では？」という指摘が社外取締役からあったため、結局、承認されず
に流れてしまったことがありました。

　CEOとのface to faceでの面談や工場・本社の現地視察をすると、
しばしば意外な発見があるのは確かです。ただ、渡航ができないとい
う前提の中で、案件規模や内容によってはbest effort（最善の努力）
をすれば注意義務を果たしたことになり、買収を進めてもいいと評価
される場合があるように思います。言い換えると、CEOとのface to

faceでの面談や工場・本社の現地視察だけが、買収に際しての注意義務の果たし方ではないように思われます。

　また、売却案件については海外渡航できないことがネックになることはなく、コロナ禍でも案件は動いていました。ただ、買手もコロナ明けのタイミングやその後のマーケットの回復のペースをなかなか読み切れなかったようで、コンサバティブな見方になりがちで、売手と買手の目線が合わずに破談になった案件が多いように思います。

――リモート会議も多かったと思いますが、何か支障になるようなことはなかったですか。

　リモートでの契約書交渉で困るのは、私たちとそのクライアントチーム、証券会社がそれぞれ別々の場所から参加しますので、相手側からの問いかけに対して、こちら側で即時に内部確認してすぐに切り返せないことです。全員が1ケ所に同席していないので、これが結構面倒です。チャットやショートメールを送ってやりとりしても、時間ばかりかかって全くうまく機能しません。

　また、対面交渉の場合にはブレークタイムに相手方とちょっとした雑談ができますが、リモートだとできません。最後も「ありがとうございます」「サンキュー」でみんな即時に退室してしまいますから(笑)。これによって、各ペンディング事項についての相手方の重要度合や優先順位、その理由を伝え聞くチャンスがなくなりますので、パッケージ提案をするのが困難になり、交渉が長引くことになります。

　オンライン会議のシステムを提供している会社が、こうした要請を踏まえて技術的にコミュニケーション機能を改良してくれるとありがたいのですが。

―― 昨今、ロシアによるウクライナ侵攻や中東紛争など予測できな

い事象が立て続けに起きています。その場合、当該国だけではなく、他の地域あるいはサプライチェーンなどグローバルで影響が及びます。予測できない世界情勢の変化やカントリーリスクをどう読み込めばいいのでしょうか。

　日本企業による海外M&Aは2000年頃から継続的・持続的に増加を続けています。その中で、マーケット拡大型の海外M&Aというのは、世界情勢が不安定・不透明になれば相応の影響を受けるのも確かです。世界情勢の変化に伴うカントリーリスクについて、私ども法律事務所が「どういう調査をしてどのような評価をするのか」と聞かれることがありますが、残念ながら私どもは企業の経営者以上にカントリーリスクを予測・評価することはできませんし、それは国際関係の専門家であっても同様だと思います。

　例えば、ロシア国内に出資していた企業が昨今の国際情勢の中で撤退を余儀なくされても、買収時には適切なプロセスを踏んで必要な注意義務を尽くしてその投資がいいと判断したわけで、これはもう不可抗力であって会社経営者として責任を問われるところまではいかないと思います。

　想定外の国際情勢の変化については、当初の判断を責めるのではなく、カントリーリスクの変化をいち早く把握して、スピーディーかつ的確に対応することこそ重要だと思います。このような状況下では、リスクを恐れて様子見で何もしないという選択の方が、今の時代はリスクが高く責任を負うことにつながることを認識しておく必要があると思います。

──他にも留意すべき点があれば教えてください。

　世の中の需要の急激な変化に対応するための新技術・新ビジネスモデル獲得型のM&Aは、世界情勢やカントリーリスクとは関係なく、

今後も増え続けると予想されます。

　M&Aは時間を買うための便利な手法です。その半面、どんなに注意義務を尽くしてDDや有利な契約交渉をしても、何件かに1件は失敗するのが現実だと認識し、そのリスクをあらかじめ織り込んでM&Aを進めていく必要があります。企業グループ全体でのリスク管理のためのリスクアセットの保有総額などの総体での管理と、問題案件の早期把握と対応(売却も含めて)という個別管理も重要となります。

──最後に一言お願いします。

　当事務所にご相談・ご依頼される企業は、リピートでご依頼いただいている昔からのクライアント企業は別として、証券会社や会計事務所からご紹介いただくケースが多いのですが、最近では、当事務所のwebinarやホームページを見た、あるいは私の著書を読んだという企業からのご依頼も増えています。ますます活発になってきた海外M&A案件・カーブアウト案件ですが、刻々と動く難しい外部環境とマーケットの変化の中、外部専門家の知識と経験の活用こそ成功のための鍵になります。ぜひ当事務所にお気軽にご相談いただければと思います。

おわりに

　本書は、前シリーズの「成功する海外M&A」の第3弾から6年のときを経ての出版となりました。その間、2020年初めから2022年末まで3年にわたるコロナ禍もあり、セミナーも会場での対面集合型からwebinarになり、書籍も紙ベースからKindleと言われる電子書籍が普及するなど、技術の進歩もあり社会生活に大きな変動がありました。その中で、紙ベースでの書籍の意義に私の中で迷いが生まれ本書の執筆と出版を逡巡しましたが、完成度の高い作品が文字になって残るメリットは大きく、一覧性や参照機能の点で紙ベースでの書籍の方が便利でもあり、今なお紙ベースでの書籍の役割は大きく重要性が高いと信じて、執筆・出版に踏み切りました。

　このような技術革新や進歩はM&Aの案件遂行にも影響を及ぼしつつあります。現在でも、案件の打ち合わせや相手方との交渉が会議室での対面からリモート・ミーティングに変わり、秘密保持契約書などの典型契約のチェックがAIで行われるようになり、デューデリジェンスがほぼすべてVDRベースになり、対象会社の現地視察がWebを

通してリモートで実施することも可能になるなど、ゆっくりではありますが着実に、しかも大きく変わりつつあります。それでも今はまだまだその端緒のステージだと思われ、今後更に大きく変わっていくことが予想されます。このようなM&A案件遂行のための技術の進歩と実務の変化を踏まえて、その注意点と上手な利用方法のノウハウについてお話しできる日が来るのも、さほど遠い将来ではなくなってきているように思います。

　末尾になりましたが、日本企業における海外事業売却・カーブアウト案件の実務担当の方々の日々の業務遂行に本書が少しでも役に立ち、日本企業によるタイムリーでスムーズな保有事業ポートフォリオの入れ替えに資することができれば、著者としてこれ以上の喜びはありません。

2024年1月

日比谷中田法律事務所　代表パートナー　中田順夫

中田順夫

日比谷中田法律事務所
代表パートナー
弁護士・ニューヨーク州弁護士

日本企業による海外企業買収案件・売却案件アドバイスの第一人者。特に海外メディアから高い評価を受ける。あさひ法律事務所（現在の西村あさひ法律事務所の前身）、Allen & Overyなどのパートナーを歴任後、2012年に新時代の要請にフレキシブルに対応するため、日比谷中田法律事務所を創立し、現在も多くのM&A案件（近年は、特にカーブアウト案件）をアドバイスする。

※お問い合わせ、本書のご感想は著者宛てにお願いいたします。
日比谷中田法律事務所
〒100-0011 東京都千代田区内幸町2丁目2番2号 富国生命ビル22階
TEL：03-5532-3100
URL：http://hibiya-nakata.com/
MAIL：nobuo.nakata@hibiya-nakata.com

海外事業グループ会社の売却・カーブアウト案件の実務
成功のための10の秘訣

2024年1月22日　初版第1刷発行

編著	中田順夫
発行者	林 哲史
発行	株式会社日経BP
発売	株式会社日経BPマーケティング
	〒105-8308
	東京都港区虎ノ門4丁目3番12号

デザイン	後藤裕二（ティオ）
イラスト	根津あやぽ
編集協力	白子 聡、市原淳子
	斎藤 睦、藤島麻衣子（LINUS）
印刷・製本	大日本印刷

ISBN　978-4-296-20427-4
© Nobuo Nakata 2024　Printed in Japan